U0940730

福建调查年鉴 2023

国家统计局福建调查总队　编

图书在版编目（CIP）数据

福建调查年鉴. 2023 / 国家统计局福建调查总队编
. -- 北京 : 中国统计出版社, 2023.7
ISBN 978-7-5230-0136-3

Ⅰ. ①福… Ⅱ. ①国… Ⅲ. ①统计资料－福建－2023－年鉴 Ⅳ. ①C832.57-54

中国版本图书馆 CIP 数据核字(2023)第 097074 号

福建调查年鉴 2023

作　　者/ 国家统计局福建调查总队
责任编辑/ 张　洁
封面设计/ 李雪燕
出版发行/ 中国统计出版社有限公司
地　　址/ 北京市丰台区西三环南路甲 6 号　邮政编码/100073
发行电话/ 邮购（010）63376909　书店（010）68783171
网　　址/ http://www.zgtjcbs.com
印　　刷/ 河北鑫兆源印刷有限公司
经　　销/ 新华书店
开　　本/ 890mm×1240mm　1/16
字　　数/ 250 千字
印　　张/ 10.5
版　　别/ 2023 年 7 月第 1 版
版　　次/ 2023 年 7 月第 1 次印刷
定　　价/ 280.00 元

《福建调查年鉴 2023》
编委会和编辑人员

编辑委员会

编辑工作人员

编者说明

一、《福建调查年鉴 2023》，全书收录了 2022 年和历史主要年份福建省、市、县经济和社会发展等各方面的抽样调查数据，是一部从不同侧面反映福建经济和社会发展情况的资料性书籍。

二、全书内容分为六篇：1.综合；2.住户调查；3.价格调查；4.农村调查；5.市县调查主要指标。并附录：全国及各省(区、市)调查主要指标。各篇首均有简要说明，各篇末均附有主要统计指标解释。

三、本资料使用的度量衡单位均采用国家统一标准计量单位。

四、本资料使用符号说明：

"#"表示其中项；

"…"表示不足小数位的数据；

"空格"表示没有或未掌握该指标数据。

五、本资料部分数据由于单位取舍不同而产生的误差均未作调整。

六、本年鉴所涉及的全国性统计数据，除特殊注明外，均未包括香港、澳门特别行政区和台湾省数据。

目　　录

一、综　　合

二、住户调查

三、价格调查

四、农村调查

五、市县调查主要指标

附录　全国及各省（区、市）调查主要指标

一 综　合

资料整理：张琳琅

简 要 说 明

本篇主要内容和资料来源

一、本篇资料主要包括国民经济和社会发展统计公报、有关调查内容全年分析、全省行政区划及国民经济和社会发展主要指标四部分。

二、国民经济主要指标数据、统计公报部分资料来源于省统计局，全省行政区划资料来源于省民政厅，有关调查内容全年分析由国家统计局福建调查总队各专业处整理提供。

2022年福建省国民经济和社会发展统计公报

福 建 省 统 计 局

国家统计局福建调查总队

2023年3月14日

一、综合

初步核算，全年实现地区生产总值53109.85亿元，比上年增长4.7%。其中，第一产业增加值3076.20亿元，增长3.7%；第二产业增加值25078.20亿元，增长5.4%；第三产业增加值24955.45亿元，增长4.0%。第一产业增加值占地区生产总值的比重为5.8%，第二产业增加值比重为47.2%，第三产业增加值比重为47.0%。全年人均地区生产总值126829元，比上年增长4.3%。

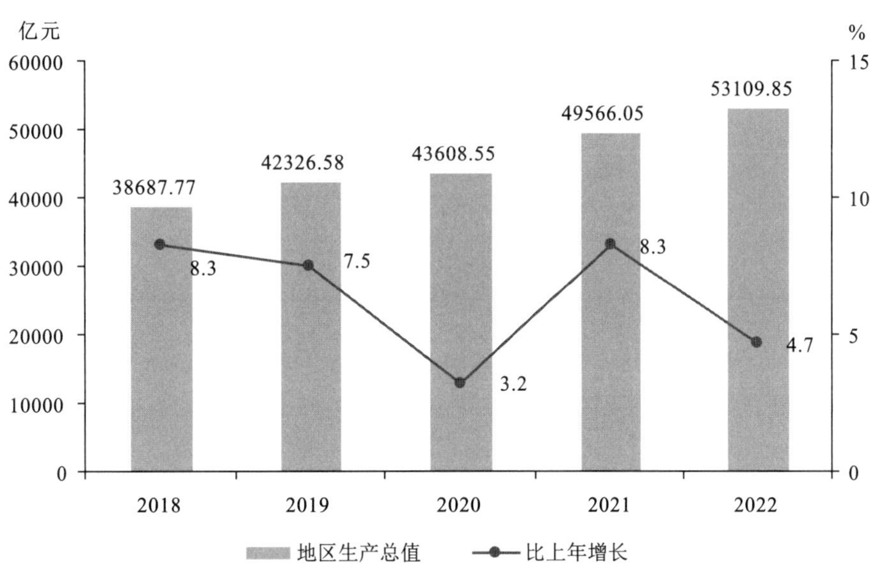

图1 2018—2022年地区生产总值及其增长速度

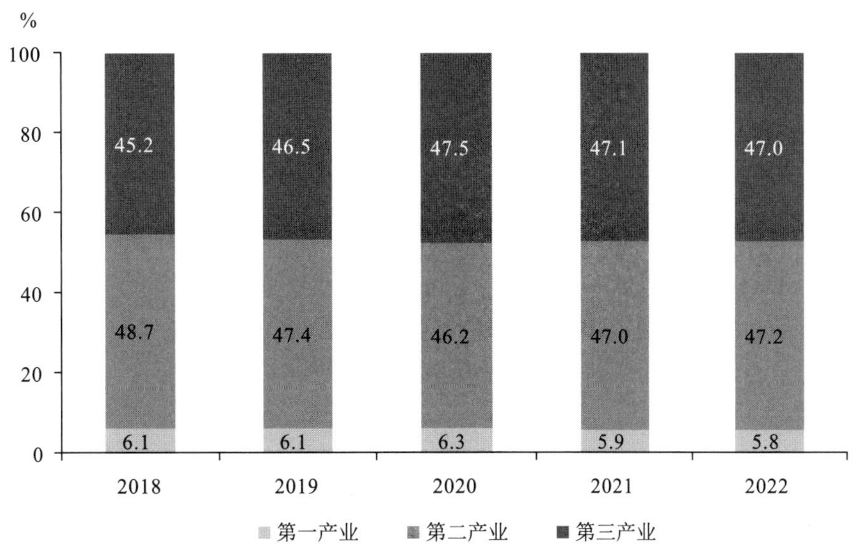

图2 2018—2022年三次产业增加值占地区生产总值比重

年末常住人口 4188 万人，比上年末增加 1 万人。其中，城镇常住人口 2937 万人，占总人口比重（常住人口城镇化率）为 70.11%，比上年末提高 0.41 个百分点。全年人口出生率为 7.07‰，人口死亡率为 6.52‰，自然增长率为 0.55‰。年末户籍人口数为 3961.59 万人，比上年末增加 15.7 万人。

全年城镇新增就业 51.97 万人。有 13.19 万名城镇失业人员实现了再就业。

全年居民消费价格比上年上涨 1.9%。工业生产者出厂价格上涨 2.9%。工业生产者购进价格上涨 5.2%。农产品生产者价格上涨 0.8%。

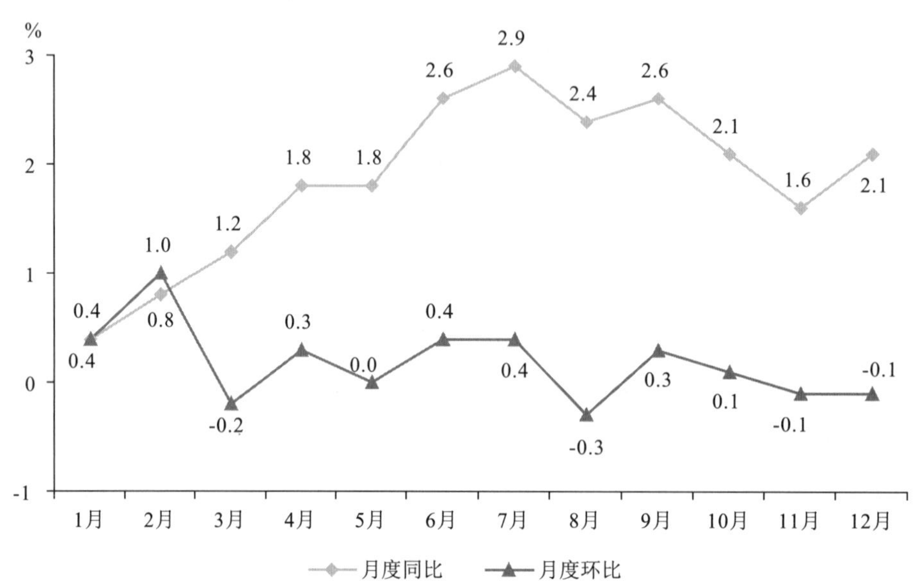

图 3　2022 年居民消费价格月度涨跌幅度

表 1　2022 年居民消费价格比上年涨跌幅度

指　标	全省（%）	城市	农村
居民消费价格	1.9	1.9	1.8
食品烟酒	2.4	2.5	2.1
衣着	0.0	0.3	-1.4
居住	0.9	0.8	1.3
生活用品及服务	1.3	1.4	0.9
交通和通信	4.9	4.8	5.3
教育文化和娱乐	1.4	1.3	1.6
医疗保健	0.3	0.2	0.6
其他用品和服务	1.5	1.4	1.9

全年新登记市场主体 114.02 万户，日均（按工作日计算）新登记企业 1177 户，年末实有市场主体 711.95 万户。

二、农业

全年农林牧渔业总产值 5502.87 亿元，比上年增长 3.9%。粮食种植面积 837.62 千公顷，比上年增加 2.48 千公顷。粮食产量 508.70 万吨，比上年增加 2.28 万吨，增长 0.5%。其中，稻谷产量 393.75 万吨，增加 0.57 万吨，增长 0.1%。

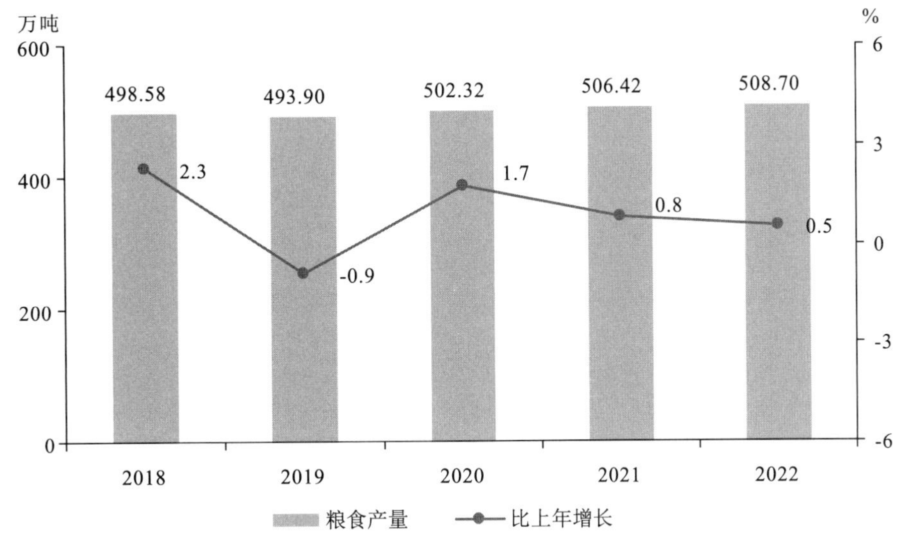

图 4　2018—2022 年粮食产量及其增长速度

表 2　2022 年主要农产品产量

产品名称	产量（万吨）	比上年增长（%）
粮食	508.70	0.5
春收	24.57	0.7
夏收	77.09	-0.3
秋收	407.04	0.6
油料	23.61	1.3
其中：花生	22.43	1.0
油菜籽	1.10	7.7
甘蔗	28.84	0.2
烤烟	12.09	15.0
茶叶	52.08	6.7
水果	865.00	6.8
蔬菜	1599.77	3.9
食用菌	153.13	4.9

全年猪肉产量 128.07 万吨，增长 3.0%；禽蛋产量 59.83 万吨，增长 7.0%；牛奶产量 21.51 万吨，增长 10.7%。年末生猪存栏 956.76 万头，比上年末增长 2.0%；全年生猪出栏 1614.13 万头，比上年增长 4.3%。

全年水产品总产量 862.35 万吨，比上年增长 1.1%。其中，淡水产品产量 98.95 万吨，增长 3.5%；近海捕捞 153.12 万吨，与上年基本持平；远洋渔业 62.48 万吨，增长 3.0%；海水养殖 547.79 万吨，增长 0.8%。

三、工业和建筑业

全年全部工业增加值 19628.83 亿元，比上年增长 4.9%。规模以上工业增加值增长 5.7%。其中，轻工业增长 6.6%，重工业增长 4.9%；采矿业增长 3.9%，制造业增长 5.6%，电力、热力、燃气及水生产和供应业增长 9.3%。工业产品销售率 95.59%。

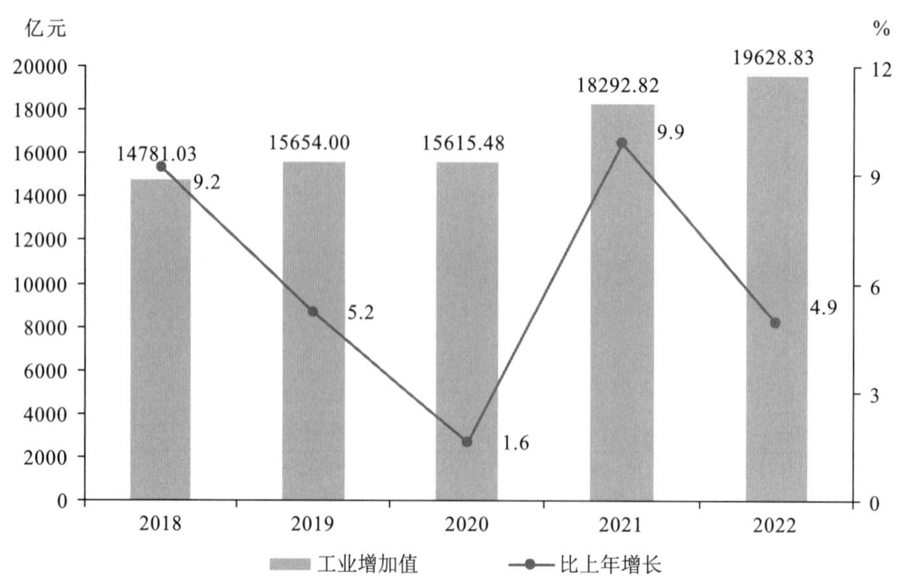

图 5　2018—2022 年全部工业增加值及其增长速度

全年规模以上工业的 38 个行业大类中有 25 个增加值实现正增长。其中，汽车制造业增长 5.4%，电气机械和器材制造业增长 40.6%，计算机、通信和其他电子设备制造业增长 7.8%，电力、热力生产和供应业增长 11.5%。高技术制造业增加值增长 17.1%，占规模以上工业增加值的比重为 16.7%。装备制造业增加值增长 13.7%，占规模以上工业增加值的比重为 26.4%。

表 3　2022 年规模以上工业企业主要工业产品产量

产品名称	单位	产量	比上年增长（%）
纱	万吨	571.66	1.6
布	亿米	70.04	-11.2
化学纤维	万吨	1031.37	0.9
卷　烟	亿支	899.87	0.5
彩色电视机	万台	1075.90	-22.2
其中：液晶电视机	万台	1071.32	-22.2
房间空气调节器	万台	224.44	24.0
原　煤	万吨	443.17	-17.0
发电量	亿千瓦时	3073.96	4.9
其中：火电	亿千瓦时	1585.96	-6.9
水电	亿千瓦时	386.95	41.1
核电	亿千瓦时	831.94	7.0
十种有色金属	万吨	94.46	5.5
其中：精炼铜（电解铜）	万吨	87.16	6.1
原铝（电解铝）	万吨	7.15	-1.1
水　泥	万吨	9656.80	-4.4
硫　酸（折 100%）	万吨	356.62	7.4
纯　碱（碳酸钠）	万吨	19.02	-21.1
烧　碱（折 100%）	万吨	26.12	-31.1
乙　烯	万吨	189.57	-10.5

续表

产品名称	单位	产量	比上年增长（%）
农用氮、磷、钾化学肥料（折纯）	万吨	48.16	-27.8
发电机组	万千瓦	62.40	286.1
汽　车	万辆	33.89	6.7
其中：基本型乘用车（轿车）	万辆	14.48	2.7
运动型多用途乘用车（SUV）	万辆	6.37	100.6
新能源汽车	万辆	9.79	43.7
集成电路	亿块	18.13	-34.6
移动通信手持机（手机）	万台	3168.85	39.3
微型计算机设备	万台	1185.26	-13.5

注：发电量为全社会口径。

年末发电装机容量7531.0万千瓦，比上年末增长7.8%。其中，火电装机容量3681.4万千瓦，增长2.4%；水电装机容量1538.3万千瓦，增长11.0%；核电装机容量1101.2万千瓦，增长11.7%；并网风电装机容量742.0万千瓦，增长1.0%；并网太阳能发电装机容量464.9万千瓦，增长67.8%。

全年规模以上工业企业实现利润4071.32亿元，比上年下降6.9%。全年规模以上工业企业每百元营业收入中的成本为87.18元，比上年增加0.93元；营业收入利润率为5.79%，下降0.86个百分点。年末规模以上工业企业资产负债率为53.5%，比上年末提高1.3个百分点。

全年建筑业增加值5518.86亿元，比上年增长7.3%。具有资质等级的总承包和专业承包建筑业企业完成建筑业总产值17129.46亿元，增长8.3%。

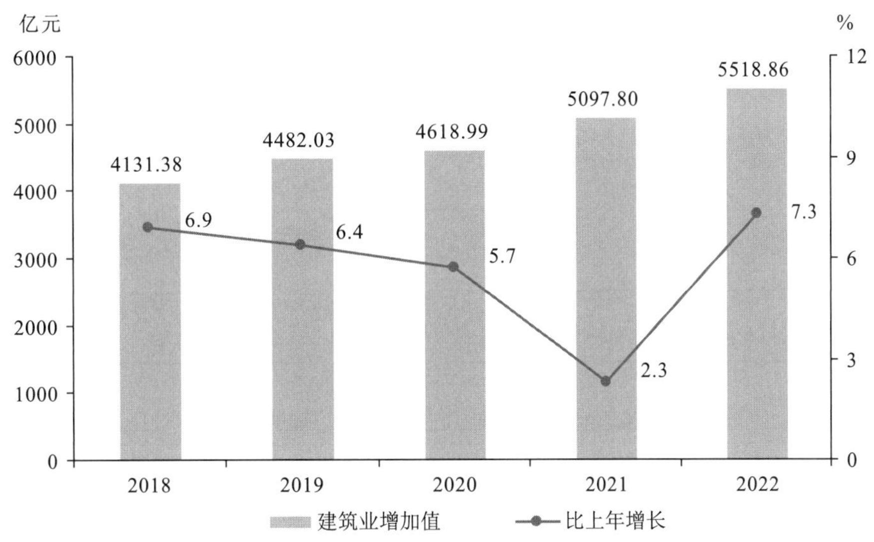

图6　2018—2022年建筑业增加值及其增长速度

四、服务业

全年批发和零售业增加值6230.37亿元，比上年增长7.4%；交通运输、仓储和邮政业增加值1960.00亿元，增长0.7%；住宿和餐饮业增加值734.41亿元，增长2.9%；金融业增加值3889.78亿元，增长6.7%；房地产业增加值2674.86亿元，下降3.0%。规模以上服务业企业营业收入比上年增长7.3%。

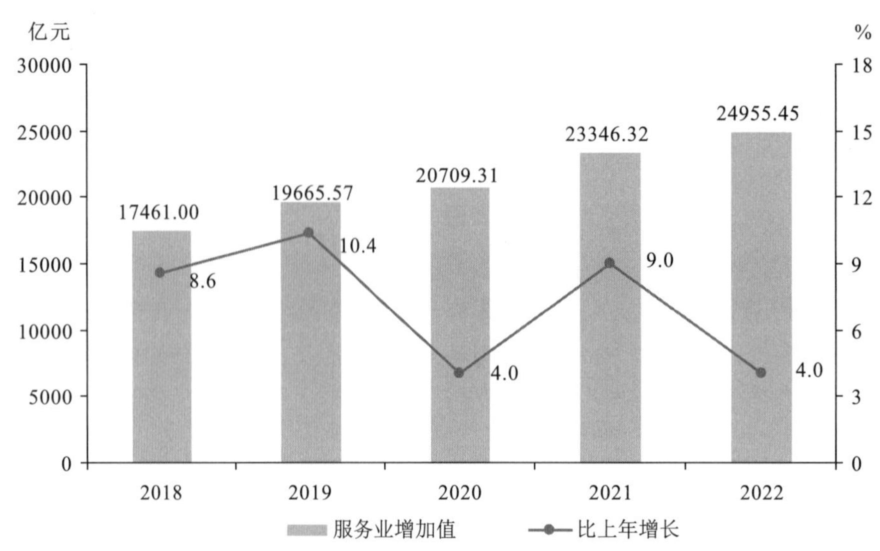

图 7　2018—2022 年服务业增加值及其增长速度

全年公路通车里程 112878 公里，比上年增长 1.7%。高速公路网通车里程 6156 公里，增长 2.3%。铁路营业里程 4230.4 公里，增长 6.2%。

全年货物运输总量 169107.23 万吨，比上年增长 1.8%，货物运输周转量 11344.64 亿吨公里，增长 11.6%。旅客运输总量 18139.59 万人，下降 17.1%，旅客运输周转量 511.82 亿人公里，下降 21.4%。

表 4　2022 年各种运输方式完成货物运输量及其增长速度

指　标	单位	绝对数	比上年增长（%）
货物运输总量	万吨	169107.23	1.8
铁路	万吨	4815.15	-5.8
公路	万吨	106938.96	-3.5
水运	万吨	57336.31	14.2
民航	万吨	16.82	-8.2
货物运输周转量	亿吨公里	11344.64	11.6
铁路	亿吨公里	206.37	2.5
公路	亿吨公里	1260.62	2.2
水运	亿吨公里	9873.30	13.2
民航	亿吨公里	4.36	-14.7

表 5　2022 年各种运输方式完成旅客运输量及其增长速度

指　标	单位	绝对数	比上年增长（%）
旅客运输总量	万人	18139.59	-17.1
铁路	万人	6377.94	-23.6
公路	万人	9651.38	-8.3
水运	万人	537.80	-27.5
民航	万人	1572.48	-31.0
旅客运输周转量	亿人公里	511.82	-21.4
铁路	亿人公里	191.74	-19.7
公路	亿人公里	68.13	-8.6
水运	亿人公里	0.53	-34.9
民航	亿人公里	251.41	-25.4

全年沿海港口完成货物吞吐量 71407.99 万吨，比上年增长 3.2%。其中，外贸货物吞吐量 25766.46 万吨，下降 0.7%。集装箱吞吐量 1800.21 万标箱，增长 3.1%。

年末民用汽车保有量 828.2 万辆，比上年末增加 50.16 万辆，其中私人汽车保有量 719.6 万辆，增加 47.1 万辆。民用轿车保有量 496.6 万辆，增加 29.3 万辆，其中私人轿车保有量 457.1 万辆，增加 29.07 万辆。

全年完成邮政业务总量 513.98 亿元，增长 8.3%；完成电信业务总量（按 2021 年不变单价计算）538.32 亿元，增长 19.3%。邮政业全年完成邮政函件业务 2693.00 万件，包裹业务 64.73 万件，快递业务量 42.64 亿件，快递业务收入 354.84 亿元。年末电话用户总数 5574.23 万户，增长 0.8%。其中，固定电话用户 679.83 万户，下降 3.9%；移动电话用户 4894.40 万户，增长 1.5%。移动电话普及率为 116.9 部/百人。5G 移动电话用户 1640.68 万户，增长 65.5%。固定互联网宽带接入用户 2145.30 万户，增长 8.1%，固定宽带家庭普及率为 126.1 部/百户。移动互联网用户 4281.84 万户，增长 3.3%。

五、国内贸易

全年社会消费品零售总额 21050.12 亿元，比上年增长 3.3%。按经营地统计，城镇消费品零售额 18290.71 亿元，增长 3.6%；乡村消费品零售额 2759.41 亿元，增长 1.8%。按消费类型统计，商品零售额 19189.04 亿元，增长 3.4%；餐饮收入额 1861.08 亿元，增长 2.3%。

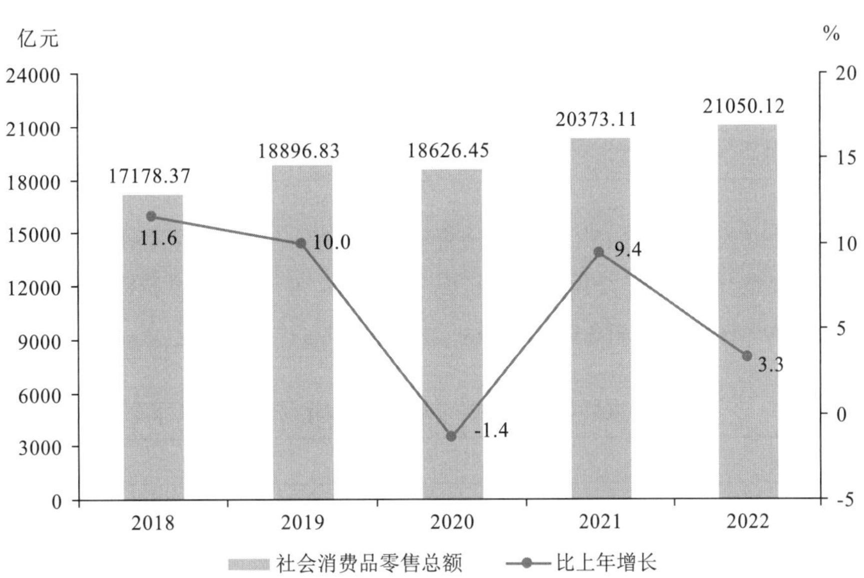

图 8　2018—2022 年社会消费品零售总额及其增长速度

限额以上单位商品零售额中，粮油、食品类零售额比上年增长 15.0%，饮料类增长 9.5%，烟酒类增长 20.0%，服装、鞋帽、针纺织品类增长 8.6%，化妆品类增长 10.6%，金银珠宝类增长 1.3%，日用品类增长 10.9%，家用电器和音像器材类增长 4.6%，中西药品类增长 7.2%，文化办公用品类增长 6.3%，家具类下降 3.0%，通讯器材类增长 2.4%，建筑及装潢材料类下降 8.4%，石油及制品类增长 15.9%，汽车类下降 0.8%。

全年限额以上商品网上零售额 2262.64 亿元，比上年增长 21.0%。

六、固定资产投资

全年固定资产投资 20513.89 亿元，比上年增长 7.5%。第一产业投资 394.94 亿元，增长 10.4%；第二产业投资 7235.74 亿元，增长 17.0%，其中，工业投资 7231.01 亿元，增长 16.9%；第三产业投资 12883.21 亿元，增长 2.7%。基础设施投资 5231.80 亿元，增长 15.0%。民间投资 11587.07 亿元，增长 5.2%。高技术产业投资 1711.90 亿元，增长 8.5%。全年到位资金 17784.25 亿元，比上年增长 2.9%。

表 6　2022 年分行业固定资产投资情况

行　　业	绝对数（亿元）	比上年增长（%）
农、林、牧、渔业	484.58	17.9
采矿业	53.32	-40.8
制造业	6372.30	19.7
电力、热力、燃气及水生产和供应业	805.39	4.4
建筑业	9.85	30.7
批发和零售业	124.49	-12.8
交通运输、仓储和邮政业	1535.17	5.0
住宿和餐饮业	150.22	20.8
信息传输、软件和信息技术服务业	181.70	7.5
金融业	28.71	73.6
房地产业	5983.69	-9.1
租赁和商务服务业	408.69	58.2
科学研究和技术服务业	59.70	-18.4
水利、环境和公共设施管理业	2905.03	24.9
居民服务、修理和其他服务业	38.64	7.2
教育	498.08	10.5
卫生和社会工作	300.81	-1.3
文化、体育和娱乐业	495.71	8.4
公共管理、社会保障和社会组织	77.82	2.5

全年房地产开发企业投资 5515.45 亿元，比上年下降 11.0%。其中，住宅投资 4112.37 亿元，下降 9.8%。

全年各类棚户区改造开工 5.06 万套，基本建成 4.8 万套。新开工建设城镇保障性安居工程住房 18.6 万套（户），基本建成城镇保障性安居工程住房 4.8 万套（户）。

表 7　2022 年房地产开发和销售主要指标及其增长速度

指　　标	单位	绝对数	比上年增长（%）
投资完成额	亿元	5515.45	-11.0
其中：住宅	亿元	4112.37	-9.8
其中：90 平方米及以下	亿元	1186.45	-13.5
房屋施工面积	万平方米	31734.98	-8.5
其中：住宅	万平方米	21402.88	-8.8
房屋新开工面积	万平方米	4142.36	-35.7
其中：住宅	万平方米	2822.50	-38.5
房屋竣工面积	万平方米	4063.38	0.5
其中：住宅	万平方米	2848.15	5.5
商品房销售面积	万平方米	6054.33	-13.2
其中：住宅	万平方米	4359.25	-22.1
本年实际到位资金	亿元	5964.17	-23.0
其中：国内贷款	亿元	587.70	-33.6
个人按揭贷款	亿元	799.67	-31.9
本年土地购置面积	万平方米	299.08	-13.7
土地购置费	亿元	473.92	-24.3

1587 个在建省重点项目完成投资 7250 亿元。全年建成或部分建成 247 个项目，新开工 401 个项目。

七、对外经济

全年货物进出口总额 19828.55 亿元，比上年增长 7.6%。其中，出口额 12140.53 亿元，增长 12.3%；进口额 7688.02 亿元，增长 0.9%。进出口顺差 4452.51 亿元。

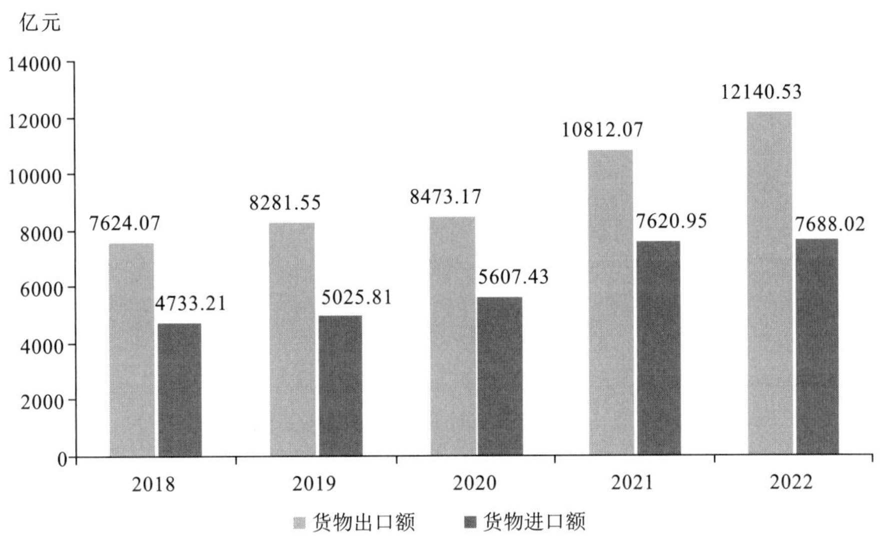

图 9　2018—2022 年货物进出口总额

表 8　2022 年进出口主要分类情况

指　标	绝对数（亿元）	比上年增长（%）
进出口总额	19828.55	7.6
出口额	12140.53	12.3
其中：一般贸易	8934.79	12.7
加工贸易	1473.01	-1.3
其中：机电产品	4648.63	16.7
其中：高新技术产品	1290.08	-6.7
进口额	7688.02	0.9
其中：一般贸易	6334.89	1.8
加工贸易	752.23	-9.2
其中：机电产品	1153.43	-13.2
其中：高新技术产品	838.61	-14.5

全年新设外商投资企业 2733 家，比上年下降 0.3%。实际使用外资金额 49.9 亿美元，增长 1.8%。

全年新备案（核准）境外投资企业和分支机构 173 个，比上年增长 10.9%。实际对外投资额 18.6 亿美元，下降 7.9%。全年对外承包工程完成营业额 11.7 亿美元，下降 32.8%；对外劳务合作派出劳务人员 45545 人次，下降 3.3%。

表 9　2022 年对主要国家和地区进出口情况

国家和地区	出口额（亿元）	比上年增长（%）	进口额（亿元）	比上年增长（%）
美国	2136.40	14.3	494.85	17.9
欧盟	2100.31	27.6	365.76	-12.9
东盟	2630.27	13.9	1596.35	10.5
日本	527.84	0.02	298.59	-8.6
香港地区	475.70	1.3	19.13	111.7
台湾地区	635.85	22.9	400.85	-24.3
韩国	422.04	12.5	194.68	-19.0
沙特阿拉伯	120.58	3.7	512.83	19.8

注：欧盟不含英国。

八、财政金融

全年一般公共预算总收入 5382.30 亿元，扣除留抵退税因素后比上年增长 1.9%，其中，地方一般公共预算收入 3339.06 亿元，扣除留抵退税因素后增长 5.5%。一般公共预算支出 5702.93 亿元，增长 9.6%。

年末金融机构本外币各项存款余额 72927.90 亿元，比上年末增长 17.5%；金融机构本外币各项贷款余额 75373.62 亿元，比上年末增长 11.0%。

年末农村合作金融机构人民币各项贷款余额 6437.66 亿元，比上年末增长 12.9%。中资金融机构人民币个人消费贷款余额 23997.76 亿元，比上年末增长 2.0%。

表 10　2022 年末全部金融机构本外币存贷款情况

指　　标	年末数（亿元）	比上年末增长（%）
各项存款	72927.90	17.5
其中：住户存款	31585.06	19.3
非金融企业存款	21288.19	13.2
其中：人民币存款	70859.00	17.0
各项贷款	75373.62	11.0
其中：短期贷款	21431.79	8.6
中长期贷款	46763.41	9.3
其中：人民币贷款	74128.73	12.5

年末境内 A 股上市公司 169 家，比上年末增加 8 家，总市值 31712.27 亿元；B 股上市公司数量为 1 家，总市值 5.98 亿元。

全年保险公司保费收入 1374.67 亿元，比上年增长 6.2%。其中，财产险 358.8 亿元，人身险 1015.87 亿元。支付各类赔款及给付 446.89 亿元，比上年增长 4.2%。其中，财产险 223.77 亿元，人身险 223.13 亿元。

九、居民收入消费和社会保障

全年居民人均可支配收入 43118 元，比上年增长 6.0%，扣除价格因素，实际增长 4.1%。按常住地分，农村居民人均可支配收入 24987 元，增长 7.6%，扣除价格因素，实际增长 5.7%；城镇居民人均可支配收入 53817 元，增长 5.2%，扣除价格因素，实际增长 3.3%。城乡居民人均可支配收入比值为 2.15，比上年缩小 0.05。

全年居民人均生活消费支出 30042 元，比上年增长 5.6%，扣除价格因素，实际增长 3.7%。按常住地分，农村居民人均生活消费支出 20467 元，增长 6.1%，扣除价格因素，实际增长 4.2%；城镇居民人均生活消费支出 35692 元，增长 5.2 %，扣除价格因素，实际增长 3.2%。

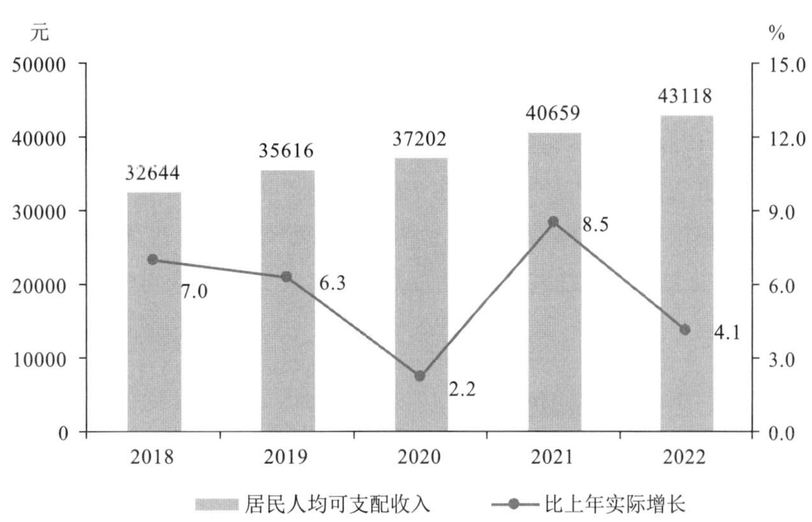

图 10　2018—2022 年居民人均可支配收入及其实际增长速度

年末参加城镇职工基本养老保险人数 1674.39 万人，比上年末增加 344.73 万人。企业参加基本养老保险离退休人员为 178.91 万人，全部实现养老金按时足额发放。参加基本医疗保险人数 3863.49 万人。参加失业保险人数 761.34 万人，比上年末增加 44.64 万人。

年末领取失业保险金人数 6.19 万人，比上年末增加 0.22 万人；纳入城市最低生活保障的居民 6.78 万人，比上年末增加 0.26 万人；纳入农村最低生活保障的居民 50.46 万人，比上年末增加 2.01 万人；城乡特困人员 6.70 万人。

年末各类养老床位数 27.9 万张（其中机构养老床位 13.96 万张），每千名老人拥有养老床位 38.9 张。建立社区服务中心（站）18242 个。全年销售社会福利彩票 44.16 亿元，筹集福利彩票公益金 14.19 亿元。

十、科学技术和教育

已布局建设 38 家省级产业技术研究院和 31 家省级产业技术创新战略联盟。拥有国家重点实验室 10 个、省创新实验室 6 个、省重点实验室 276 个、国家级工程技术研究中心 7 个、省级工程技术研究中心 527 个、省级新型研发机构 232 家。拥有省级及以上工程研究中心（工程实验室）128 家，其中国家级工程研究中心（工程实验室）6 个、省级工程研究中心（工程实验室）91 个、国地共建工程研究中心（工程实验室）31 家。建设国家备案众创空间 81 家、国家专业化众创空间 4 家、省级众创空间 392 家、国家级科技企业孵化器 23 家、省级科技企业孵化器 60 家，在孵企业共计 6614 家。现有国家高新技术企业 8941 家。新认定国家技术创新示范企业 4 家、国家企业技术中心 8 家、省级企业技术中心 71 家。专利授权 141536 件，其中，发明专利授权 16213 件。截至年末，有效发明专利 75064 件，比上年末增长 20.8%，每万人口发明专利拥有量 17.9 件。新增商标注册 32.75 万件，有效注册商标 227.76 万件，比上年增长 16.5%。全年共登记技术合同

17324 项，成交金额 289.43 亿元。

年末共有 1699 家机构通过检验检测资质认定，比上年末增加 45 家。共有国家产品质量监督检验中心 21 个，省级产品质量监督检测中心 38 个。现有认证主机构 15 个、认证子机构 7 个。共有各类获证组织 26517 家，各类认证证书 109752 张。共有法定计量检定机构 68 个，全年强制检定工作计量器具 197.72 万台（件）。全年参与制修订国家标准 651 项，发布地方标准 121 项。

年末共有国家级地面气象观测站 70 个，高空气象观测站 3 个，天气雷达站 10 个，风廓线雷达站 19 个，大型海洋气象浮标站 5 个。共有地球物理台站（点）43 个，前兆测项 415 个，测震台站（点）128 个，强震动观测站位（点）205 个，GNSS 观测基准站 60 个。共有 537 个渔业资源环境监测站位、235 个近岸海域环境监测站位，共有 46 个海上水文气象观测浮标站位、45 个沿海自动验潮站。测绘地理信息部门审批通过了公开出版地图 269 件。

全年研究生教育招生 2.86 万人，在校生 8.53 万人，毕业生 1.87 万人。普通本专科招生 34.86 万人（含高职招生 18.05 万人），在校生 107.61 万人，毕业生 28.09 万人。普通高校毕业生就业率 93.2%。中等职业教育（不含技工校）招生 14.35 万人，在校生 39.52 万人，毕业生 11.00 万人。普通高中招生 26.89 万人，在校生 74.64 万人，毕业生 20.61 万人。初中招生 52.24 万人，在校生 156.57 万人，毕业生 48.04 万人。普通小学招生 58.69 万人，在校生 359.09 万人，毕业生 52.46 万人。特殊教育招生 0.52 万人，在校生 2.95 万人，毕业生 0.51 万人。学前教育在园幼儿 156.71 万人。九年义务教育巩固率为 99.54%，高中阶段毛入学率为 97.42%。

十一、文化旅游、卫生健康和体育

年末文化系统共有国有艺术表演团体 70 个，公共图书馆 95 个，文化馆 95 个，国有博物馆 104 个，非国有博物馆 43 个。全年文化系统各类艺术表演团体线下演出 0.71 万场，观众 244.76 万人次，本年度首演剧目 130 个。各级各类档案馆 117 个。

年末共有影院 395 家，银幕 2301 块，年度电影票房 10.54 亿元。广播电台 3 座，电视台 3 座，广播电视台 68 座，教育电视台 1 座。有线电视用户 745 万户，数字化率 100%。广播节目综合覆盖率为 99.87%；电视节目综合覆盖率为 99.89%。

全年出版图书 5157 种，总印数 1.68 亿册；报纸 42 种（不含校报、副版），总印数 6.3 亿份；期刊 174 种，总印数 0.20 亿册。

全年接待入境游客 48.26 万人次，比上年下降 25.9%。国际旅游外汇收入 3.14 亿美元，下降 36.2%。接待国内旅游人数 39146.80 万人次，下降 3.8%；国内旅游收入 4306.54 亿元，下降 11.4%。旅游总收入 4327.70 亿元，下降 11.6%。

年末共有各级各类医疗卫生机构 2.91 万个，其中，医院 718 个，卫生院 880 个，村卫生室 1.68 万个。年末共有卫生技术人员 30.57 万人，其中，执业（助理）医师 11.40 万人，注册护士 13.69 万人。年末共有医疗机构床位 22.98 万张，其中医院 17.94 万张，基层医疗卫生机构 3.86 万张。

全年全省运动员在全国最高级别比赛中共获得 15 金 20 银 25 铜。举办 40 项全省青少年体育赛事，参与人数 1.5 万人。

全年为民办实事项目新建 20 个智慧体育公园、30 个游泳池。新增国家级体育产业示范单位 2 项、示范项目 1 项。销售体育彩票 103.51 亿元。

十二、资源、环境和应急管理

全年水资源总量 1178 亿立方米。

全年植树造林总面积 8.50 万公顷。其中，人工荒山造林 0.20 万公顷，人工迹地更新面积 5.52 万公顷，低产低效林改造 1.46 万公顷。城市（县城）新增建成区绿地面积 3255.19 公顷，建成区绿地率 40.85%；新增公园绿地面积 963.74 公顷，人均公园绿地面积 15.43 平方米。新增水土流失治理面积 1335 平方公里。

森林覆盖率 65.12%。全年新增厦门市、南平市、马尾区、同安区、翔安区、闽侯县、洛江区、惠安县、古田县等 9 个市县获得国家生态文明建设示范市县命名，累计共有 39 个市县获得国家生态文明建设示范市县命名；新增木兰溪流域、邵武市被国家授予“绿水青山就是金山银山”实践创新基地称号，现有“绿水青山就是金山银山”实践创新基地 7 个，其中木兰溪流域为全国首个以流域为单元获得命名的“两山”基地。现有各类自然保护地 358 处。拥有世界自然遗产（含双遗产）2 处、世界地质公园 2 处。

主要流域整体水质为优，Ⅰ～Ⅲ类水质比例为 98.7%；县级以上集中式生活饮用水源地水质达标率为 100%。列入国家考核的 142 个近岸海域国控点位中，一、二类海水水质面积占比 85.8%。

九个设区城市空气质量优良天数比例保持稳定，$PM_{2.5}$ 年均浓度为每立方米 19 微克。县级以上城市空气质量均达到国家空气质量二级标准。九市一区、11 个县级市和长乐区、龙海区、建阳区中，区域声环境质量“二级”的城市 13 个；道路交通声环境质量“一级”的城市 16 个，“二级”的城市 7 个。

市县生活垃圾无害化处理率 100%，市县污水处理率 97.94%。

全年共发生森林火灾 20 起，受害面积 290.5 公顷。海洋灾害造成直接经济损失约 1416.47 万元，比上年减少 75.8%。发生（现）海洋赤潮 12 次，累计赤潮面积 263 平方公里。

全省发生各类生产安全事故 621 起、死亡 472 人，比上年下降 37.0%和 31.0%。其中：发生较大事故 9 起、死亡 42 人，比上年下降 57.1%和 51.7%；没有发生重大事故。亿元 GDP 生产安全事故死亡率 0.009，比上年下降 35.7%。

注：

1. 本公报未包括金门县和连江县的马祖列岛。
2. 本公报所列数据为初步统计数，部分合计数或相对数由于单位取舍不同而产生的计算误差，均不做机械调整。
3. 本公报地区生产总值、各产业增加值按现价计算，增长速度按可比价格计算。

资料来源：

本公报中城镇新增就业、社会保障数据来自省人社厅；财政数据来自省财政厅；税收数据来自省税务局；重点项目投资数据来自省发展改革委；公路里程、公路水路运输及生产数据来自省交通运输厅；铁路数据来自中国铁路南昌局集团有限公司；户籍人口数据、民用汽车数据来自省公安厅；保障性住房、城市污水处理、公园绿地面积数据来自省住建厅；货物进出口数据来自福州海关；外商直接投资、对外直接投资、对外承包工程、对外劳务合作等数据来自省商务厅；邮政业务数据来自省邮政管理局；电话用户、电信业务总量等数据来自省通信管理局；文化、旅游数据来自省文旅厅；货币金融数据来自人行福州中心支行；上市公司数据来自福建证监局；保险业数据来自福建银保监局；省级企业技术中心、国家技术创新示范企业数据来自省工信厅；工程技术研究中心、技术合同等数据来自省科技厅；教育数据来自省教育厅；专利数据、质量检验数据来自省市场监督管理局；气象数据来自省气象局；地震数据来自省地震局；测绘数据来自省自然资源厅；水产品产量、海洋数据来自省海洋与渔业局；广播、电视数据来自省广电局；电影、报纸、期刊、图书数据来自省委宣传部；档案数据来自省档案局；体育数据来自省体育局；卫生数据来自省卫健委；医保数据来自省医保局；低保、养老数据来自省民政厅；环境监测数据来自省生态环境厅；应急管理、森林火灾数据来自省应急管理厅；林业数据来自省林业局；水资源数据来自省水利厅；电力数据来自国网福建省电力有限公司；其他数据来自福建省统计局和国家统计局福建调查总队。

2022 年福建居民消费价格温和上涨

2022 年，福建居民消费价格（CPI）比上年上涨 1.9%，涨幅比上年扩大 1.2 个百分点。其中：城市上涨 1.9%，农村上涨 1.8%；消费品价格上涨 2.6%，服务价格上涨 0.7%。扣除食品和能源价格的核心 CPI，上涨 0.6%。

一、CPI 运行总体情况

（一）同比“前低后高”，环比总体平稳

从月同比看，全年总体呈“前低后高”走势。上半年在猪肉、鲜果和汽柴油等价格走高的因素影响下，CPI 逐月走高，7 月份上涨 2.9%，为全年最高点；下半年鲜菜、鲜果和汽柴油价格有所回落，带动 CPI 震荡下行，但总体仍高于上半年。

从月环比看，全年走势总体平稳。受春节因素影响，2 月份上涨 1.0%，为全年最高点；受猪价涨势放缓，鲜菜和国际原油价格下降的影响，8 月份下降 0.3%，为全年最低点；其余月份波动幅度总体不大（见图 1）。

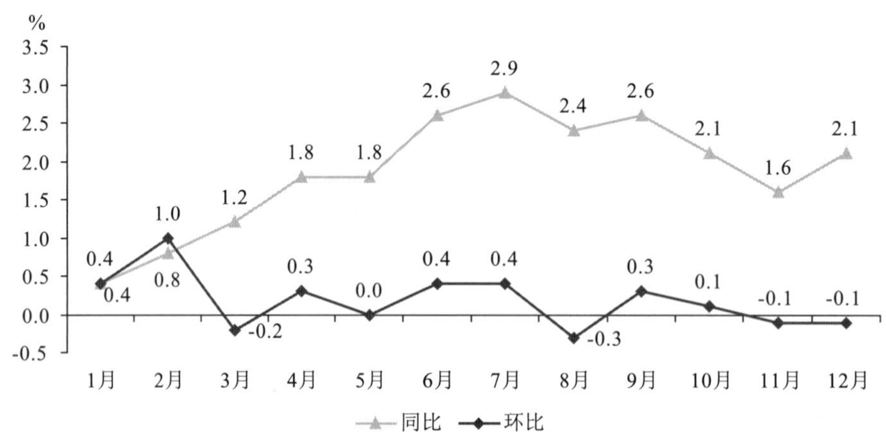

图 1　2022 年各月福建 CPI 同比、环比涨跌幅

（二）八大类商品和服务价格呈“七涨一平”态势

2022 年，交通通信、食品烟酒和其他用品及服务价格分别上涨 4.9%、2.4%和 1.5%，教育文化娱乐、生活用品及服务、居住和医疗保健价格分别上涨 1.4%、1.3%、0.9%和 0.3%；衣着价格持平（见图 2）。

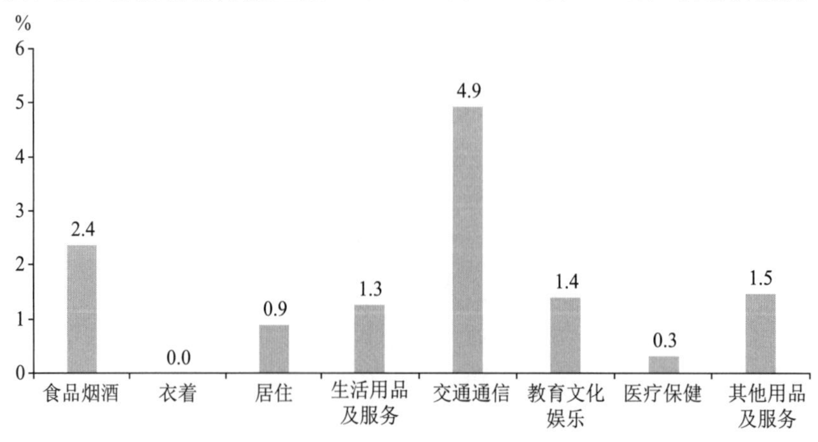

图 2　2022 年福建 CPI 分类别同比涨跌幅

（三）全省 CPI 涨幅低于全国

2022 年，全省 CPI 上涨 1.9%，比全国平均上涨 2.0%低 0.1 个百分点，按指数从高到低排序，居全国各省（区、市）第 20 位，华东六省一市第 6 位。

二、价格变动主要特征分析

（一）食品价格由跌转涨

2022 年，全省食品烟酒类价格由上年下降 1.1%转为上涨 2.4%。其中，食品价格由上年下降 2.4%转为上涨 3.2%，拉动 CPI 上涨约 0.61 个百分点。所调查的 14 类食品呈“13 涨 1 跌”态势：干鲜瓜果类、薯类和蛋类价格分别上涨 12.3%、10.8%和 7.9%，禽肉类、食用油和水产品价格分别上涨 6.6%、6.0%和 5.5%，粮食、奶类、豆类、菜及食用菌、糖果糕点类、调味品和其他食品类价格涨幅在 0.4%~3.9%之间；畜肉类价格下降 5.4%。

1.鲜果价格大幅上涨。受高温少雨导致部分水果主产区减产、疫情导致进口水果供应链受阻和运输成本增加等因素影响，鲜果市场总体供应量偏紧。2022 年，全省鲜果价格上涨 14.5%，拉动 CPI 上涨约 0.23 个百分点，对食品价格上涨贡献率近四成。

2.水产品价格延续上年涨势。一是饲料、人工等养殖成本增加推升水产品价格；二是受居民消费习惯的影响，市场需求不断增加；三是受气候及海水灾害等影响，国内海带及紫菜主产区产量减少。2022 年，全省水产品价格上涨 5.5%，拉动 CPI 上涨约 0.20 个百分点。

3.蛋类、禽肉类价格上涨明显。一是玉米、豆粕等饲料上涨，养殖成本增加；二是疫情散发和油价上涨导致跨区域调运成本增加；三是前期禽肉类养殖行情不佳，养殖户补栏意愿不高，导致供应偏紧。2022 年，全省蛋类、禽肉类价格分别上涨 7.9%和 6.6%，共同拉动 CPI 上涨约 0.14 个百分点。

4.鲜菜价格小幅上涨。夏季受高温干旱天气影响，部分鲜菜产量减少，价格上涨；进入秋冬，鲜菜密集上市，供应量增加，价格有所回落。2022 年，全省鲜菜价格上涨 3.1%，拉动 CPI 上涨约 0.06 个百分点。

5.粮食价格总体平稳。全国粮食产量连续多年稳定在 1.3 万亿斤以上，确保了粮食安全稳定供应，对粮食价格平稳运行提供有力支撑。2022 年，全省粮食价格上涨 0.4%，其中面粉价格上涨 3.3%，大米价格下降 0.2%。

6.猪肉价格降幅收窄。2022 年上半年猪肉价格总体保持平稳运行。进入 7 月，受生猪产能去化效应逐步显现、部分养殖户压栏惜售和消费需求回暖等因素影响，猪肉价格大幅反弹，至 10 月同比上涨 56.6%，为全年最高点。随后在国家储备肉投放和引导养殖户合理出栏等政策影响下，猪肉价格涨幅有所回落。2022 年，全省猪肉价格下降 9.8%，降幅比上年收窄 21.7 个百分点，拉动 CPI 下降约 0.17 个百分点。

（二）服务价格涨幅回落

2022 年，全省服务价格上涨 0.7%，涨幅比上年缩小 0.3 个百分点，拉动 CPI 上涨 0.26 个百分点。所调查的 72 种服务价格项目中，44 种上涨，12 种持平，16 种下降，涨价面为 61.1%。

1.文旅市场仍受疫情影响。国际原油价格持续高位运行，全年燃油附加费多次上调，加上疫情影响，航空公司经营压力加大，飞机票价格上涨 16.3%；国内多地疫情散发，在外住宿、交通工具租赁费、其他旅游和景点门票价格分别下降 2.2%、1.3%、1.1%和 0.2%。

2.政策调价因素影响。部分地区调整医疗服务项目价格，护理、中医治疗、一般医疗操作价格分别上涨 2.7%、1.9%和 0.1%，实验室诊断、临床诊断和影像学诊断价格分别下降 1.5%、0.6%和 0.1%；部分院校调整学费，高等教育、高中中职教育价格分别上涨 0.5%和 0.3%。

3.成本增加因素影响。受人工费用上涨、经营成本增加等因素影响，部分服务价格有所调整。其中，美发、其他文娱服务、洗浴、母婴护理服务、其他家庭服务、装潢维修费、衣着洗涤保养、家政服务和鞋类服务等价格涨幅在 2.8%~7.7%之间。

（三）能源价格上涨传导推升工业品价格

受俄乌冲突、疫情后需求恢复和全球货币量化宽松等因素叠加影响，石油、天然气和煤炭等上游大宗商品价格飙升，推高了国内汽油、柴油和液化石油气等部分工业消费品价格。2022 年，全省工业品价格上涨 2.9%，涨幅比上年扩大 0.8 个百分点，拉动全省 CPI 上涨约 0.9 个百分点。

国际原油价格上涨传导效应明显，虽然从 7 月份开始油价有所回落，但整体来看，呈现油价上涨幅度大于下降幅度局面。2022 年，全省汽、柴油价格分别上涨 21.3%和 23.2%，共同拉动 CPI 上涨约 0.67 个百分点，是拉高工业消费品价格的最主要因素；此外，液化石油气、其他水电燃料类价格分别上涨 17.6%和 13.7%，共同拉动 CPI 上涨约 0.16 个百分点。能源价格上涨对 CPI 造成较大上涨压力，一是价格上涨直接拉动交通通信类价格走高，进而推动 CPI 走高；二是随着油价持续高涨，造成各类商品的运输成本上涨，间接拉动 CPI 上涨。

三、2023 年关注重点

（一）加强气候预警，防止蔬果价格波动幅度过大

鲜菜、鲜果价格易因气候因素产生较大波动，其波动幅度显著大于其他食品价格。2022 年南方多地遭受高温少雨气象灾害，蔬果价格产生较大波动。建议继续保持政府投入力度，建立规模化生产基地，加强气候预警，不断提升抵御自然灾害能力，保障市场供应稳定。

（二）市场预期反复博弈，防止猪肉价格大起大落

2022 年下半年，受市场博弈情绪影响，部分养殖户压栏惜售、二次育肥，导致猪肉价格出现较快上涨。接近年关生猪养殖户出栏积极，但受疫情影响大宗消费和市民外出就餐减少，全省猪肉价格从 2022 年 10 月 30 日的每公斤 52.1 元高位回落至 2023 年 1 月 15 日的 42.3 元。而全省生猪出栏价格从 2022 年 10 月 19 日的每公斤 30.0 元峰值回落至 2023 年 1 月 11 日的 16.0 元，降幅达 46.7%。目前，猪粮比已连续 4 周低于 6∶1，生猪生产陷入二级预警区间，建议采取相应措施防止猪价大起大落。

（三）文旅市场复苏加快，核心 CPI 上行可能性增大

防疫优化措施“新十条”发布后，各地及时调整防控政策，推出文旅行业复苏措施，激活文旅市场，同时市场反应强烈，机票、火车票、酒店搜索量骤增。2023 年居民积累的旅游消费需求有望释放，CPI 中的飞机票、在外住宿、旅行社收费等价格涨幅或将有所扩大，核心 CPI 上行可能性增大。

四、2023 年物价走势预判

从推动 CPI 上升的主要因素看：一是受供给端影响，猪肉价格仍存在一定的上涨压力，从而推升食品 CPI；二是国内消费情绪改善，消费需求有望得到进一步释放，核心 CPI 涨幅或将扩大。从抑制 CPI 上升的主要因素看：一是外部通胀压力减轻，西方主要经济体经济衰退风险加大，国际原油需求增速或将放缓；二是海外加息制约消费需求，导致国内出口增速放缓，或将制约核心 CPI 回升幅度。综合判断，2023 年全省 CPI 将继续温和上涨，预计 CPI 整体涨幅可能略高于 2022 年。

执笔：黄景楠
核稿：林　勇
会审：吴文芳

价格同比涨幅回落明显　购销价格剪刀差由正转负

——2022 年福建工业生产者价格走势分析

2022 年，在国际大宗商品价格高位回落，市场需求减弱以及上年基数较高等因素影响下，福建工业生产者价格同比涨幅持续回落。据调查，全年福建工业生产者出厂价格（PPI）上涨 2.9%，涨幅比上年回落 2.0 个百分点。福建工业生产者购进价格（IPI）上涨 5.2%，比上年回落 4.0 个百分点。从趋势上看，购销价格正剪刀差逐渐收窄，并从 11 月起开始由正转负。

一、工业生产者价格总体变动情况

（一）月同比价格涨幅总体回落

2022 年福建工业生产者出厂价格同比呈持续上涨且涨幅回落态势。1—10 月份呈持续上涨且涨幅回落态势，全年最高点出现在 1 月份，涨幅为 5.7%，11 月份结束连续 21 个月上涨态势，转为下降 0.3%，12 月份有所回升，上涨 0.2%。工业生产者购进价格与出厂价格走势基本一致，但价格波动幅度较大（详见图 1）。

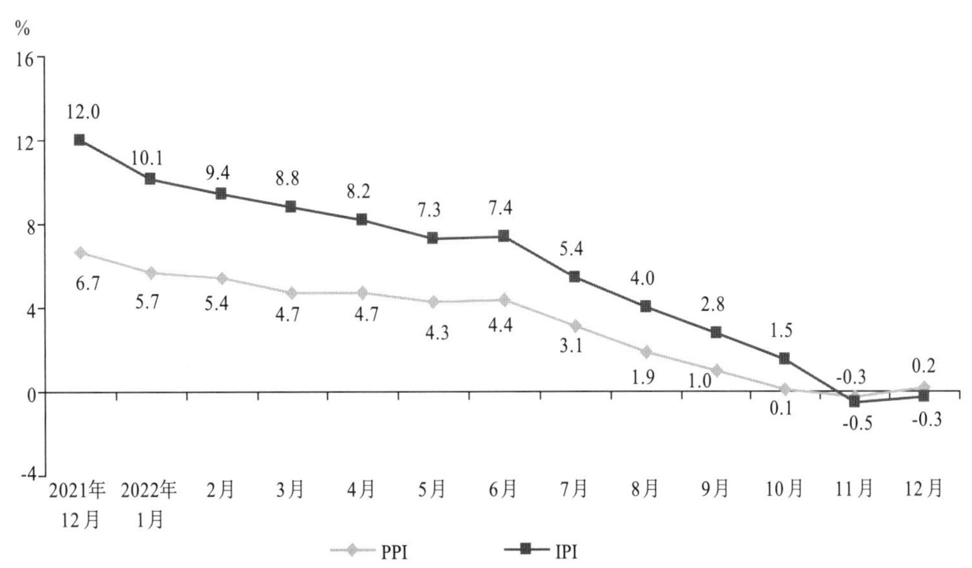

图 1　2021 年 12 月—2022 年 12 月福建工业生产者价格同比涨跌幅

（二）月环比价格呈“M 型”走势

2022 年福建工业生产者出厂价格环比价格呈“M 型”走势。1 月份，工业生产者出厂价格环比下降 0.2%，自 2 月份起由负转正，之后经历两个“拐点”，首先是涨幅逐月扩大，于 4 月份达到 0.8%，为全年最高点，5—9 月份涨幅总体呈回落态势，其中 7—9 月连续 3 个月下降，7 月份下降 0.7%，为全年最低点。工业生产者购进价格与出厂价格走势基本一致，但波动幅度更大，峰谷值差达 2.8 个百分点（详见图 2）。

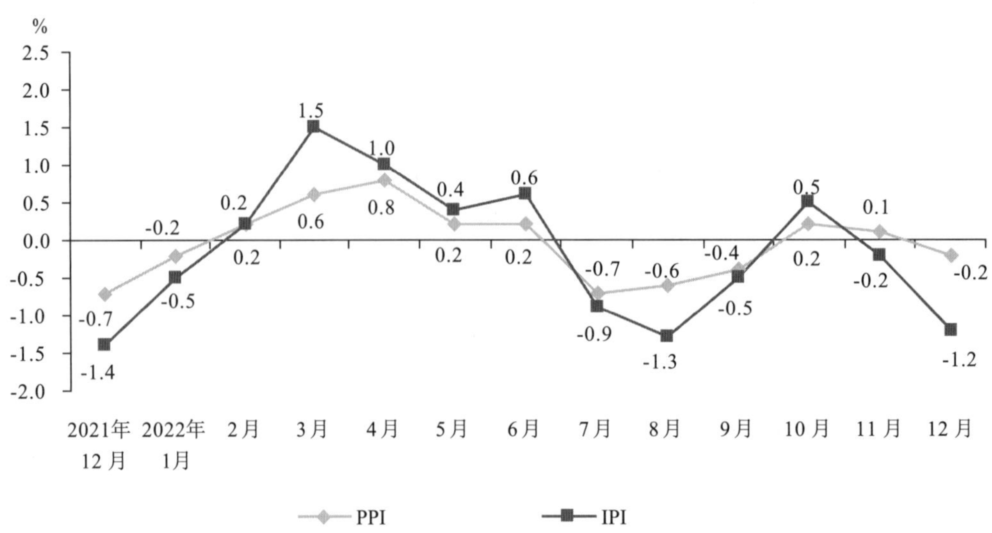

图 2　2021 年 12 月—2022 年 12 月福建工业生产者价格环比涨跌幅

（三）指数位居全国下游

从同比看，全省工业生产者出厂价格指数各月走势与全国基本一致（详见图 3）。2022 年，全省工业生产者出厂价格平均上涨 2.9%，比全国平均涨幅 4.1%低 1.2 个百分点。按指数从高到低排序，居全国 31 个省（区、市）第 23 位；全省工业生产者购进价格平均上涨 5.2%，比全国平均涨幅 6.1%低 0.9 个百分点，按指数从高到低排序，居全国 30 个省（区、市）（不含西藏）第 22 位。

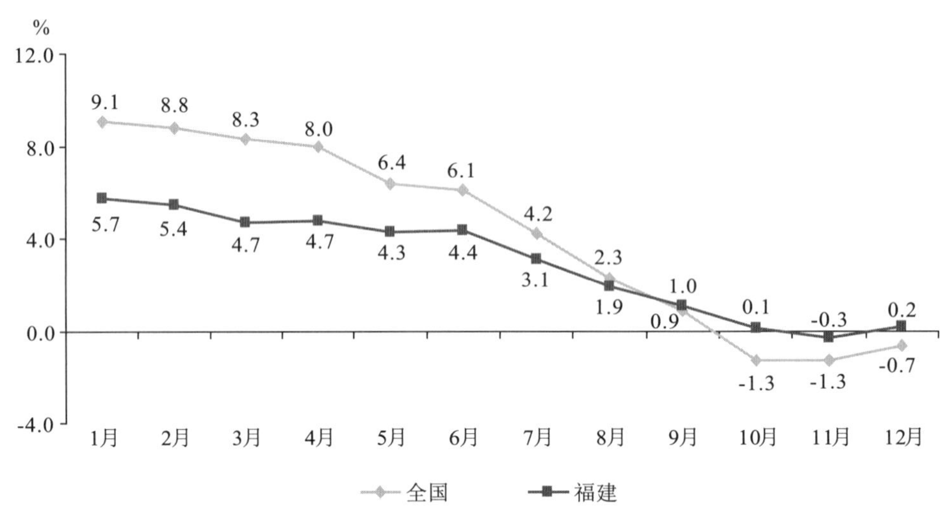

图 3　2022 年福建工业生产者出厂价格月同比指数与全国平均水平对比情况

二、工业生产者价格运行特点

（一）生产资料价格上涨是出厂价格上涨的主要动力

2022 年，福建生产资料出厂价格平均上涨 3.9%，涨幅比上年回落 3.8 个百分点，拉动工业生产者出厂价格上涨 2.53 个百分点，生产资料价格涨幅回落是影响工业生产者价格高位回落的主要原因。其中采掘、原材料、加工业类价格分别上涨 3.3%、10.7%和 1.0%。生活资料出厂价格稳中有升，全年平均由上年的下降 0.1%转为上涨 1.0%，拉动工业生产者出厂价格上涨 0.36 个百分点，其中食品、衣着、一般日用品价格、耐用消费品价格分别上涨 0.9%、0.6%、1.4%和 1.9%。

（二）超七成大类行业出厂价格上涨

调查的 38 个行业大类中，有 28 个行业出厂价格上涨，上涨面为 73.7%，与上年同期持平。其中，平均涨幅超过 20.0%的行业有 3 个：石油、煤炭及其他燃料加工业价格上涨 35.4%，燃气生产和供应业价格上涨

22.8%，煤炭开采和洗选业价格上涨 22.4%，共拉动福建工业生产者出厂价格上涨 1.31 个百分点。

（三）九大类购进价格均上涨

与上年比，全省工业生产者购进价格上涨 5.2%，涨幅比上年回落 4.0 个百分点。其中，燃料、动力类涨幅较大，上涨 23.6%，拉动购进价格上涨 2.57 个百分点（详见表 1）。

表 1　2022 年九大类原材料购进价格指数表

项目名称	涨幅（%）
总指数	5.2
燃料、动力类	23.6
黑色金属材料类	1.4
有色金属材料及电线类	3.9
化工原料类	4.4
木材及纸浆类	3.1
建筑材料及非金属类	0.6
其他工业原材料及半成品类	2.7
农副产品类	4.7
纺织原料类	2.4

（四）购销价格全年总体呈“高进低出”格局

2022 年，全省工业生产者出厂价格平均上涨 2.9%，工业生产者购进价格平均上涨 5.2%，购进价格指数比出厂价格指数高 2.3 个百分点，形成正剪刀差，给中下游企业的生产成本带来较大压力，压缩了企业的利润空间。分月看，1—10 月份均为正剪刀差，呈“高进低出”态势，其中 1 月份剪刀差最大，为 4.4 个百分点。从趋势上看，购销价格正剪刀差逐渐收窄，并从 11 月起开始由正转负（详见表 2）。

表 2 2022 年工业生产者价格购销剪刀差情况表

指　标	1 月	2 月	3 月	4 月	5 月	6 月	7 月	8 月	9 月	10 月	11 月	12 月
出厂价格同比涨跌幅（%）	5.7	5.4	4.7	4.7	4.3	4.4	3.1	1.9	1.0	0.1	-0.3	0.2
购进价格同比涨跌幅（%）	10.1	9.4	8.8	8.2	7.3	7.4	5.4	4.0	2.8	1.5	-0.5	-0.3
剪刀差（百分点）	4.4	4.0	4.1	3.5	3.0	3.0	2.3	2.1	1.8	1.4	-0.2	-0.5

三、影响出厂价格上涨的主要原因

（一）市场需求相对不足

2022 年，在新冠疫情防控因素、居民收入预期转弱、居民消费意愿下滑、房地产市场持续下行等背景下，国内市场需求相对不足，2022 年最终消费支出对经济增长贡献率从上年的 65.4%大幅下降到 32.8%，进而带动工业品价格持续下行。以价格指数下降的 PPI 大类行业数量为例，2022 年 12 月调查的 38 个工业行业大类中，有 18 个行业出厂价格同比下降，下降面为 47.4%，比 2022 年 3 月底下降面提高 23.7 个百分点（当月 9 个行业出厂价格下降）。其中 3 月份纺织业、黑色金属冶炼和压延加工业、有色金属冶炼和压延加工业分别同比上涨 7.3%、10.2%和 16.0%，12 月均同比下降，降幅分别为 2.4%、11.5%和 6.0%。

（二）大宗商品价格大幅上涨，输入性价格上涨因素影响明显

受国际地缘局势紧张、疫情形势反复和国际市场需求改善等多重因素影响，2022 年以来原油、天然气、铁矿石、铜等国际能源和大宗原材料迅速上涨并持续高位震荡。如布伦特原油价格从年初的76美元/桶上涨至3月初的139美元/桶，最高涨幅约82.9%，并在100美元/桶以上高位运行近半年。2022年，福建“三黑一色”行业中的石油、煤炭及其他燃料加工业、有色金属冶炼和压延加工业，以及与“三黑一色”行业关联度较高的化学原料和化学制品制造业，分别上涨35.4%、6.7%和9.8%，合计影响总指数上涨1.97个百分点，约占总涨幅的67.9%。基础能源和原材料价格大幅上涨，抬升企业原料采购和生产成本，推动工业生产者价格走高。

（三）保供稳价政策显成效

2022年，面对石油、有色金属等大宗商品大幅上涨的情况，国家有关部门及时采取供需双向调节、期货现货市场联动监管、预期引导等多项保供稳价措施，保供稳价政策力度加大，煤炭、钢铁、水泥等产品供给得到保障，供需失衡压力逐步缓解。以钢铁为例，根据中国钢铁协会数据显示，2022年12月下旬重点钢铁企业钢材库存量1306万吨，比上年底增加176万吨，增长14.7%，库存显著回升。得益于保供稳价政策，2022年福建生产资料出厂价格呈现“前高后低”走势，涨幅逐月回落并于10月份开始同比由正转负。

四、需关注的问题

（一）国际传导不确定因素仍然存在

受国际地缘政治局势紧张、美联储持续加息和国际市场需求反复等多重因素影响，叠加部分领域供应链风险，国际大宗商品价格或将继续保持震荡，在一定程度上将影响工业生产者价格波动。

（二）国内宏观需求总体偏弱，价格大幅上涨动力不足

2022年国内疫情反复，我国经济整体上还处于恢复之中，存在供给侧增长放缓、需求侧偏弱的特点。尽管年底防疫政策加速优化，但在短时间内，主要需求指标还未恢复到疫情前的水平。国家统计局数据显示，2022年，全国社会消费品零售总额同比由上年的增长12.5%转为下降0.2%。房地产行业面临较大压力，全国房地产开发投资同比下降10.0%，房屋新开工面积下降39.4%，2022年12月份房地产开发景气指数为94.35，为年内最低点。房地产开发投资的放缓，对水泥、钢材等建筑类工业品需求支撑趋于弱化，供求基本面支持价格上涨动力不足。

五、下一阶段价格走势预判

从国际形势看，受美联储持续加息影响，全球范围内美元回流，叠加新冠疫情反复造成全球经济走弱，国际原油、有色金属等大宗商品或将呈震荡下行态势，输入性通胀的影响预计将有所减弱。从国内形势看，新冠防疫政策加速优化，货币政策维持宽松态势，2022年末广义货币M2余额同比增长11.8%，增速比上年提高2.8个百分点，社会融资规模存量比上年增长9.6%，增速比上年回落0.7个百分点。随着各项经济支持政策相继出台，预计国民经济将在短暂冲击后进入复苏阶段。综上所述，预计2023年一季度福建工业生产者价格将呈现整体回落、前低后高的走势。

执笔：吴培堃
核稿：孔令军
会审：吴文芳

2022 年福建居民收入稳步增长　消费支出持续回暖

2022 年，福建持续巩固拓展疫情防控和经济社会发展成果，在国务院、省委省政府部署的一揽子稳经济政策举措作用下，全省经济运行保持稳中有进、稳中向好态势，居民收入稳步增长，消费支出持续回暖。2022 年居民人均可支配收入 43118 元，比上年增长 6.0%；居民人均消费支出 30042 元，比上年增长 5.6%。

一、城乡居民收入保持平稳增长

（一）城乡居民收入保持平稳增长，收入差距进一步缩小

2022 年福建居民人均可支配收入 43118 元，比上年增长 6.0%，与前三季度和 2021 年相比，增速分别回落 0.1 和 3.3 个百分点，但回落幅度较全国平均水平分别低 0.2 和 0.8 个百分点，总体保持平稳增长态势；扣除价格因素，实际增长 4.1%。名义和实际增速分别高于同期全国平均水平 1.0 和 1.2 个百分点。

分城乡看，2022 年农村居民人均可支配收入增速快于城镇。城镇居民人均可支配收入 53817 元，比上年增长 5.2%，比全国平均水平高 1.3 个百分点；与 2021 年相比，增速回落 3.2 个百分点，但回落幅度较全国平均水平低 1.1 个百分点；扣除价格因素，实际增长 3.3%，比全国平均水平高 1.4 个百分点。农村居民人均可支配收入 24987 元，比上年增长 7.6%，比全国平均水平高 1.3 个百分点；与 2021 年相比，增速回落 3.6 个百分点，但回落幅度较全国平均水平低 0.6 个百分点；扣除价格因素，实际增长 5.7%，比全国平均水平高 1.5 个百分点。城乡居民收入比继续呈缩小态势。2022 年福建城乡居民收入比值为 2.15，较 2021 年缩小 0.05。

（二）居民收入增速在东部地区及全国位次情况

1.从收入增速在东部地区的位次看：2022 年，全体居民人均可支配收入增速继续保持位居东部 10 省（市）第 1 位的发展态势，比位居第 2 位的山东高 0.8 个百分点。城镇、农村居民人均可支配收入增速在东部 10 省（市）的位次与全体居民的位次走势一致，均保持第 1 位态势，二者均比第二位高出 1.0 个百分点。与 2021 年相比，全体、城镇位次均前进了 3 位，农村位次保持不变。

2.从收入增速在全国的位次看：2022 年，全体、城镇和农村居民人均可支配收入增速分别居全国 31 个省（区、市）第 7 位、第 4 位和第 2 位，居全国“第一方阵”；与 2021 年相比，全体、城镇、农村位次稳中向前，分别前进 5 位、6 位、1 位。

二、四大项收入主要特点

（一）工资性收入增速领跑，仍是增收主力

2022 年，福建居民人均工资性收入 25278 元，比上年增长 6.3%，居四大项收入之首；占居民人均可支配收入比重为 58.6%，与 2021 年相比，占比有所提高，提高 0.1 个百分点；拉动居民人均可支配收入增长 3.7 个百分点，对收入增长贡献率达到 60.8%，继续发挥居民增收主动力作用。2022 年福建居民人均工资性收入增长主要得益于：

一是全年务工形势总体稳定。二季度，虽然福建用工形势因疫情受到一定影响，但各级党委政府出台的援企稳岗促就业的政策成效明显，居民务工形势总体平稳；11 月，福州主城区受疫情冲击，短时间内部分行业“静态管理”导致当月工资性收入略有下降，但疫情并未对福建其他设区市城镇居民增收产生显著影响，对农村居民生产生活也未产生直接影响，全省农村居民本地及外出务工情况总体正常。总体上看，

2022 年福建居民就业形势较为稳定。根据省人社厅数据显示，2022 年 1—11 月，全省城镇新增就业人数 51.5 万人，完成全年目标任务 50 万人的 103%；失业再就业 12.42 万人，完成目标任务 124.2%；就业困难人员就业 3.01 万人，完成目标任务 125.4%。另据调查，调查失业率因疫情原因导致个别月份虽短暂走高，但大部分月份均稳定保持在年度目标以内。

二是上调最低工资标准。2022 年 4 月 1 日起，全省各地不同程度上调最低工资标准，与调整前相比，月最低工资标准每档平均值平均增幅为 14.6%，一定程度上为低收入群体增加工资性收入提供政策保障。

（二）经营净收入占比提高，一二三产均衡发展

2022 年，福建居民人均经营净收入 7875 元，比上年增长 6.2%；占人均可支配收入的比重为 18.3%，占比较 2021 年有所提高，提高 0.1 个百分点；拉动居民人均可支配收入增长 1.1 个百分点，对收入增长贡献率为 18.8%。一二三产人均经营净收入分别比上年增长 5.3%、6.1%、6.7%，三产发展较为均衡。全年居民人均经营净收入增收主要原因：

一是气候有利于主要农产品生产，海上养殖呈量价齐升态势。2022 年福建降水主要集中在上半年，正是早稻成长的关键期，有利于主要农业生产；夏季高温天气虽然对农业生产有所影响，但福建农业生产水源总体充足，基本未对农业生产产生负面影响。2022 年福建海上养殖量价齐升，渔业收入稳定增长，增速达到 8.4%。据调研，霞浦海带市场行情一路看涨，“头水”鲜菜每斤能卖到 4 元，收购价格由年初 800 元/担上涨至 1250 元/担。

二是多种销售模式助力农产品销量增长。各级政府根据农产品上市季节，有针对性开展社区团购、直播代购等多种助销活动，拓宽产销对接渠道，有力带动居民经营增收。如以往福清一都枇杷本地收购价最多 5 元，今年依托网络直播销售实现枇杷价格翻倍。又如三季度是仙游柚子旺季，相关经营者利用网络直播平台，销售单价比本地市场高 20%，有力提高居民收入。

三是政府加大保费补贴力度，支持种植业和特色农业保险扩面。根据省财政厅数据，截至 2022 年 9 月份共下达包括水稻种植和水稻制种等种植业保险以及种植、畜禽、食用菌和低温气象指数保险等特色农业保险补贴资金 8410 万元。其中，水稻制种保险，2022 年福建将保额从 1200 元提高至 1600 元，进一步提高了保障水平。同时，加大对产粮大县支持。在水稻、水稻制种和玉米保险方面，将产粮大县市县两级应承担保费的 10%，改由省级财政承担。

四是持续优化营商环境，助力中小微企业渡过经营困难。2022 年上半年，按照省委省政府部署，省发展改革委会同工信厅、财政厅等部门，印发《福建省促进工业经济平稳增长行动方案》，出台实施 33 条政策举措，多措并举稳定工业经济“基本盘”。省财政先后下发四期中小微企业纾困增产增效专项资金贷款。在财政厅贴息、再贷款再贴现政策支持下，企业实际负担贷款利率从 4.35%下降到 3.15%，有效助力中小企业市场主体渡过难关。据对福州 152 家小微企业开展调研显示，50.7%的受访企业表示近年来小微企业的融资环境有所改善；5.3%认为明显改善；69.1%的受访企业表示税费负担有所减轻；17.1%表示明显减轻，说明一系列惠企纾困政策有效改善了融资环境、减轻了企业负担，在一定程度上对助力小微企业渡过难关、恢复发展起到作用。

（三）“两驾马车”拉动财产净收入增长

2022 年，福建居民人均财产净收入 4798 元，比上年增长 5.7%；占人均可支配收入的比重为 11.1%。拉动人均财产净收入增长的“两驾马车”分别为出租房屋财产性收入和红利收入，分别拉动人均财产净收入增长 6.3 和 3.4 个百分点。主要原因：

一是随着防疫经验不断积累，2022 年以来，福建应对疫情冲击做到精准施策，居民务工受疫情影响不大，租房需求较 2021 年旺盛。二是在建设新福建大环境下，福建多地市提速建设高新城市新区、改造老旧小区等，新区建设、旧城改造带动房屋租金收入增长。三是 2022 年福建宏观经济总体趋于平稳，居民投资回报较为可观。如漳州黄先生从事二手车租赁工作，2021 年受疫情影响，生意不景气，没有分红，2022 年租赁生意有起色，分红较可观。四是全省农村居民合伙入股养殖种植、工程等投资行为较为活跃，投资分红收入趋于增长。

（四）转移净收入增速逆势转正

2022 年福建居民人均转移净收入 5167 元，比上年增长 5.0%，逆势转正（2021 年居民人均转移净收入比上年下降 1.0%）。拉动居民人均转移净收入增长的主要因素是养老金（离退休金）和家庭外出从业人员寄回带回收入的增加，分别拉动人均转移净收入提高 7.4 和 1.9 个百分点。居民人均转移净收入增速由负转正的主要原因：

一是规范行政事业单位离退休人员津补贴发放，提高发放标准，增加离退休人员退休金收入。如连江县北门社区的林先生表示因规范津补贴改革，补发 2022 年 1—9 月份养老金 18936 元。二是提高居民基础养老金省定最低标准，采取定额调整、挂钩调整与适当倾斜相结合的调整办法，增加部分从 2022 年 1 月 1 日起发放。三是基于 2022 年上半年一揽子稳经济稳就业举措以及省内疫情防控精准得当，全年居民务工总体平稳，收入得到保障，家庭外出从业寄带回有所增加。

表 1　2022 年福建省居民收入变动情况

指　标	本期(元)	上年同期(元)	同比增幅(%)	占比(%)	贡献率(%)	拉动增长(百分点)
人均可支配收入	43118	40659	6.0	100.0	—	—
（一）工资性收入	25278	23784	6.3	58.6	60.8	3.7
（二）经营净收入	7875	7412	6.2	18.3	18.8	1.1
（三）财产净收入	4798	4540	5.7	11.1	10.5	0.6
（四）转移净收入	5167	4923	5.0	12.0	9.9	0.6

三、居民消费支出情况及特点

（一）居民消费情况

2022 年福建居民消费支出持续回暖。全省居民人均生活消费支出 30042 元，比上年增长 5.6%，与上半年和前三季度相比较，分别回升了 1.4 和 0.6 个百分点，呈持续回暖态势，扣除价格因素实际增长 3.7%。其中，城镇居民人均消费支出 35692 元，比上年增长 5.2%，扣除价格因素实际增长 3.2%；农村居民人均消费支出 20467 元，比上年增长 6.1%，扣除价格因素实际增长 4.2%。农村居民人均消费支出快于城镇居民 0.9 个百分点。

表 2　2022 年福建省居民人均生活消费支出情况

指　标	本期(元)	上年同期(元)	同比增幅(%)
生活消费支出	30042	28440	5.6
（一）食品烟酒	9629	9168	5.0
（二）衣着	1470	1432	2.6
（三）居住	8637	8301	4.0
（四）生活用品及服务	1587	1473	7.8
（五）交通通信	3346	3121	7.2
（六）教育文化娱乐	2807	2572	9.1
（七）医疗保健	1905	1769	7.7
（八）其他用品和服务	662	606	9.3

（二）居民消费主要特点

1.农村居民消费支出增速继续快于城镇居民。2022 年以来，省内几次散发疫情主要集中在主城区，因此对城镇居民的消费影响面要大于农村居民。且城镇居民消费基数大于农村居民，导致农村居民消费增速快于城镇，城乡居民消费水平差距进一步缩小。2022 年城乡居民消费支出水平比为 1.74，较 2021 年降低 0.02 个百分点。

2.吃穿住用等满足基本生活类消费延续平稳增长态势。吃穿住用是满足基本生活所需，开支较为稳定，2022年福建居民食品烟酒、衣着、居住、生活用品及服务支出分别比上年增长5.0%、2.6%、4.0%、7.8%，吃穿住用等基本生活类消费支出占人均消费支出71.0%，较2021年回落0.6个百分点。2022年恩格尔系数为32.1%，较2021年回落0.1个百分点，说明福建居民消费结构持续优化，生活品质持续提升。

3.交通支出显著回升。2022年居民人均交通支出比上年增长10.7%，增速较2021年提高7.4个百分点。近几年居民自驾出行逐渐成为主流，加之绿色转型加快，新能源汽车购车优惠力度加大，从厂商生产产量到终端居民购买新能源汽车，均显著增加。数据显示，2022年1—11月，新能源汽车产量同比增长36.7%；限额以上新能源汽车零售额增长86.3%，继续保持2022年初以来高速增长态势，新能源汽车占全部汽车类商品零售额的12.5%，比1—10月提高0.4个百分点，市场占有率不断提升。

4.教育文化娱乐和医疗保健支出稳中有进。一是随着2021年7月出台的义务教育阶段“双减”政策翘尾因素影响逐渐减弱，2022年居民人均教育文化娱乐支出比上年增长9.1%，较上半年、前三季度分别提高10.2、5.0个百分点。二是2022年居民人均医疗保健支出比上年增长7.7%，其中医疗器具及用品比上年增长9.8%，增速较2021年提高2.7个百分点。随着居民预防意识增强及疫情防控措施逐步优化，居民看病、买药类的支出有所增加。

四、值得关注的问题及建议

一是低收入群众持续增收难题。低收入群体大部分集中在农村地区，当前省内城乡居民收入差距呈逐渐缩小趋势，但差距依然存在，不平衡问题尚未根本解决。缩小城乡差距，促进共同富裕，必须进一步关注、关心低收入群体，尤其是农村低收入群体持续增收难题。从实际情况看，“缺能”（缺能指的是能力不足、文化程度不高、综合素质相对较低），“缺权”（缺权指的是在市场竞争中，该群体很多权益难以得到兑现，如农村房子属于集体产权，无法参与抵押融资，导致参与市场竞争处于劣势）是农村低收入群体的显著特征。

建议各级党委政府，特别是各相关职能部门必须进一步采取更加精准、更加切实、更加管用的措施，让低收入群体更多地参与到初次分配中，增加工资性收入；完善农村集体产权改革，让低收入群体权益得到充分实现，在市场竞争中得到平等权利，增加其财产性收入。

二是后疫情时代居民消费意愿有待加强。一方面，在“新十条”“闽十三条”疫情防疫措施优化后，居民消费意愿不足。消费者担心被感染或二次感染，“阳”与“未阳”出门消费的意愿都不太积极，即便“阳康”也不愿出门，一定程度影响居民消费意愿。据对全省2758位城乡居民调研显示，不考虑元旦、春节在外用餐、不计划外出旅游的分别占70.5%、81.8%，在一定程度上影响居民消费。另一方面，据调研显示，不论是从中长期还是短期看，疫情带来的不确定性都是制约消费的主要因素。当前居民存多花少，消费意愿不足。从长期看，37.5%的受访者表示如果2023年家庭收入保持稳定或有所增加，会优先增加储蓄；从短期看，44.2%的受访者表示疫情防控优化后，感染风险增大，看病、买药类消费增加，其他消费能省则省。建议：一是保障就业，提高消费能力。拓宽重点群体就业渠道，提升就业指导服务，如对高校毕业生提供针对性就业咨询服务，对中低收入群体实施专项就业帮扶。二是巩固生活刚需，提高消费信心。在疫情不确定因素增加的背景下，尤其需要关注民生必需品供应和价格稳定，满足居民吃穿住用等刚性生活消费，让居民有所富余增加改善型消费。三是优化配套服务，提高消费动力。针对疫情优化举措后居民外出消费意愿减少现状，探索升级线上促消费活动，拓宽消费券适用面，加大民生消费领域、节日时点消费券发放力度。

执笔：何晓莉

核稿：陈光政

会审：吴文芳

2022 年福建省粮食增产丰收

2022 年，福建省委、省政府高度重视粮食生产，各级各部门严格落实粮食安全党政同责，持续加大对粮食生产的支持力度，有力克服前期阴雨寡照、新冠肺炎疫情和夏秋持续高温干旱等不利因素影响，全年粮食实现增产丰收。2022 年全省粮食总产量 508.70 万吨，比上年增加 2.28 万吨，增长 0.5%，粮食产量连续 3 年稳定在 500 万吨以上。

一、粮食生产情况

据国家统计局核定，2022 年全省粮食播种面积 837.62 千公顷，比上年增加 2.48 千公顷，增长 0.3%；全省平均单产 6073.20 公斤/公顷，增加 9.25 公斤/公顷，增长 0.2%；总产量 508.70 万吨，增加 2.28 万吨，增长 0.5%。其中大豆播种面积 35.15 千公顷，比上年增加 0.58 千公顷，增长 1.7%；平均单产 2824.82 公斤/公顷，增加 41.86 公斤/公顷，增长 1.5%；产量 9.93 万吨，增加 0.31 万吨，增长 3.2%。

分季节看，夏粮面积 55.45 千公顷，增长 0.5%，产量 24.57 万吨，增长 0.7%； 早稻面积 97.39 千公顷，增长 0.4%，产量 61.62 万吨，下降 0.4%；秋粮面积 684.77 千公顷，增长 0.3%，产量 422.51 万吨，增长 0.6%。

分品种看，谷物类面积 638.61 千公顷，增长 0.1%，产量 411.09 万吨，增长 0.2%；豆类面积 43.11 千公顷，增长 1.2%，产量 12.43 万吨，增长 2.3%；薯类面积 155.89 千公顷，增长 0.7%，产量 85.18 万吨，增长 1.3%。

二、三因素促粮食丰收

（一）稳粮政策落实有力

2022 年以来，省政府高度重视粮食生产功能区建设和绿色农业发展，持续落实省政府出台的《稳定发展粮食九条措施》。省农业农村厅制定出台稳定发展粮油生产“七条措施”，安排专项资金扶持山垅田复垦种粮。所有设区市和九成以上涉粮县出台本级配套扶粮政策。同时，大力推进粮食生产社会化服务，加大对种植粮食作物推广增产技术的财政扶持力度，促进了农民种粮积极性的提高。

（二）农业气象条件总体有利

2022 年气象条件总体适宜，未出现影响粮食生产的极端天气。一是虽然早稻播种期间降水较多，给早稻生产造成了一定的影响，但 7 月后全省大部时段光温条件基本正常，有利于早稻的灌浆成熟。二是秋粮生长期间天气以晴热为主，总体气温较高，光温条件良好，日照充足，各地区也未爆发大面积病虫害，气象条件总体有利于粮食作物生长。

（三）粮食生产技术指导有方

不断加大粮食生产技术指导力度，狠抓田间管理，深入一线指导。一是示范带动提高粮食单产。全省建立粮食增产增效技术示范片 300 个，示范带动水稻工厂化机插育秧、精确定量栽培等关键增产技术推广应用，示范带动面上均衡增产。二是病虫害防控得当。按时发布病虫发生与防控专报，及时、准确地预测预报，指导主要粮食作物病虫害防治，保障粮食安全生产。

三、当前粮食生产面临的主要挑战

（一）耕地碎片化制约种粮积极性

福建省境内多丘陵和山地，部分耕地地处山区，且分布不规则。一是降低了土地利用率，增加了农户种粮成本。据浦城县垅尾村村民杨某反映，其种植稻谷的田地较为分散且地形零碎，在耕种、插秧、施肥和收割方面需要花更多的精力和财力，而2022年卖给粮商的市场收购价格却低于前年，种粮收益减少，明年计划增加蔬菜种植。二是限制了农业机械化发展。建阳区东山村种植户许某反映，其山垄田距离村庄较远，且道路没有硬化，雨天过后泥巴路松软，农用机械难以到田间开展作业。三是降低了组织经营化程度，限制了专业分工和产业化发展。这些不利因素都制约了农民的种粮积极性。

（二）水稻种植效益偏低

福建省种植的主要粮食作物是水稻，产量占粮食总产量的七成以上。据调研，稻谷种植收益目前约为200元/亩，远低于蔬菜、烟叶等经济作物（亩均收益约2500元），也低于玉米、甘薯等其他粮食作物（亩均收益约1500元）。水稻种植效益不佳的主要原因是水稻种植成本持续上涨，而收购价格相对平稳。2022年以来受原材料、油价上涨等因素的影响，农资价格出现较大涨幅，同时机械作业费、雇工工资也出现普遍上涨，导致种植成本上升，省内平原地区种植水稻成本已普遍超过千元，山地较平原地区还要再高，一些瘠薄地、边远零星地成本更高。而稻谷国家最低收购价从2016年以来持续下调，2020年以来虽有所上调，但上调幅度较小、每百斤仅1—2元，目前仍低于2014年收购价，种粮利润空间进一步被压缩。据建瓯市川石乡谭某某家庭农场测算，其年种植稻谷成本为：种子120元/亩，化肥260/亩，农药及飞防100元/亩，田租200元/亩，人工300元/亩，外雇机械服务费350元/亩，合计1330元/亩。单产湿谷约1500斤/亩，田头湿谷单价1元/斤，收益仅为170元/亩。

（三）生产潜力有待挖掘

福建省粮食种植具有水稻占比多、杂粮占比少，秋粮占比多、其他季粮食占比少的特点。一是全省秋冬播粮食作物播种面积仅占全部耕地面积6%左右，占全年粮食作物播种面积的6.6%，产量占全年粮食产量比重也较低（约5%），与福建省情况相似的浙江省，其2022年秋冬播粮食作物播种面积占全部耕地面积14.2%左右，占全年粮食作物播种面积的11.8%，全省秋冬播的发展空间大，耕地利用潜力大。二是全省耕地数量少、梯田坡地多，部分地区农业基础设施较为薄弱，农业水利发展程度不够，不适宜种植水稻，适宜发展玉米、马铃薯等旱粮种植。三是目前全省再生稻播种面积较小，全省仅8万亩，发展空间较大。再生稻生育期约为180天（可收获两茬），一般水稻为120天（仅收获一茬），适宜在部分种植中稻后，农田闲置地区推广，与双季稻相比，再生稻在生产环节上少了一次耕种，在生产过程中减少了人力成本和农资投入，可有效降低农户生产成本，提高种植收益。

（四）劳动力结构性矛盾突出

一是年龄结构老化。由于农业劳动强度大、经济效益低，导致农村新生劳动力的离农意愿强烈，留守农村的多为老弱妇孺。据邵武市拿口镇君临财富农机服务专业合作社反映，该社长期雇工10人，临时性雇工13人，年龄全部在50岁以上，其中有21人超过60岁。二是专业技术人员欠缺。服务型农业企业及专业技术人员较少，影响了部分粮食生产进度。据长乐竹田村某规模户反映，其种植早稻150亩，机械插秧需请专业的技术人员，但附近的农业企业机插服务至少提前一个月预订，按预订顺序安排，若没有及时预定，会错过最佳种植时间。

（五）农业设施不够完善

农田水利道路等基础设施仍较为薄弱。一是偏远山区机耕路偏少制约了稻谷种植。据仙游县钟山镇南湖村种植农户王某反映，由于地处山区，尚未铺设机耕路，机械无法到达，早稻插秧仍然靠传统的手工插秧，生产效率低。二是农村水利设施建设相对滞后。据永定区坎市镇益亩家庭农场反映，其经营耕地的灌溉水渠为20世纪80年代修建的土渠，一直未更新硬化，灌溉用水不畅、漏水等现象时有发生。

（六）粮食销售存在困难

近年来，粮食销售仍存在一定困难。一是受疫情等不确定性因素影响较大。据闽侯县鸿尾村种植户叶某反映，其粮食销售主要靠合作的收购商上门收购，2022年种植120亩稻谷，仓库库容仅能满足40亩左右的产量，但收获期间受疫情影响，收购商无法及时上门收购，剩余稻谷因缺少储存空间而影响收割。据仙游县有绿农作物农民专业合作社反映，受疫情影响2022年晚稻收割进度慢于往年，错过粮贩集中收购期，只能自行雇车将50吨稻谷运到20公里外的粮站销售，需增加运费2500元。二是国家粮食储备机构收购点分布不均，农户物流成本将大幅增加。据长汀县四都镇上湖村种植户胡某反映，其种植稻谷9亩，收获4.2吨，由于本镇没有收购点，只能运到40公里外的县城粮食收购点进行销售，需多支出运输费400元。三是销售渠道受限。据调研，目前农户销售粮食主要依托粮食经纪人，主要原因是粮食深加工企业多数为订单种植，收购对象以种植大户为主，普通农户鲜有订单，基本上与少数规模户签订订单即可满足生产需要。四是储备订单粮食指标有限，许多农户难以享受订单补贴。储备订单粮食在稻谷最低收购价的基础上，另给予额外的直接补贴，据荔城区沟边农机专业合作社反映，2022年纳入储备粮收购指标的早稻最低收购价为每50公斤134元，比未纳入指标的高9.0%，但因储备粮收购指标不足，未能按储备粮收购价格出售粮食。

四、几点建议

（一）积极推动农业集约化经营规模

一是加大高标准农田建设。抓好耕地质量提升工程，进一步改良土壤、培肥地力，提高耕地综合生产能力。二是加强粮食关键增产技术示范推广。通过组织开展农技人员现场观摩会，以及合作社、种粮大户等经营主体的示范带动，进一步提升农民种粮科技水平。三是进一步优化资源配置，鼓励多种形式的粮食适度规模经营，重点向种粮大户、家庭农场、农民合作社和农业社会化服务组织等新型经营主体倾斜，进一步稳定粮食播种面积。

（二）千方百计确保农户种粮收益

一是稳定农资价格，尤其是化肥价格，控制种粮成本过快上涨。二是加大粮食生产补贴，在对规模种粮户补贴同时，兼顾对小规模种粮户的补贴力度，让种粮户均能获得种粮叠加补贴。三是加强种植业保险推广，加大种植业保险保额，解决农户种粮的后顾之忧。

（三）持续挖掘粮食种植潜能

一是鼓励支持引导农户在秋冬季种植马铃薯等作物，提升耕地利用效率，提高秋冬播粮食种植面积，为来年粮食生产打下坚实基础。二是充分启用撂荒地，合理利用旱作区耕地，推广玉米、马铃薯耐旱杂粮粮食种植。三是持续推广再生稻种植，有效缓解种粮劳动力资源紧张问题，切实帮助农户增产增收。

（四）持续加强农技人员队伍建设

一是创新人才培养服务。将人才培养作为农民培训的重中之重，扎实推进农民教育培训，分层分类分模块按周期培训，线上线下培训有机融合，提升农业生产经营者的水平和综合素质。二是依托全省科技特派员制度，构建覆盖福建省全域、面向农业农村农民、基于“互联网+”的新型农村科技服务体系。

（五）加强农田水利基础设施建设

一是进一步加强以农田水利为重点的农业基础设施建设，加大对冬春水利建设投资，不断修复水利工程，提高坡耕地的灌溉能力。二是加强水利设施及机耕道路改造建设，形成以农田水利为重点，农业田间道路和农业科技等综合配套的高产稳产农田，提高粮食综合生产能力。

（六）全力激活粮食收购市场活力

一是创新粮食销售方式方法，引导和鼓励各类市场主体积极与种粮大户、家庭农场、农民合作社等新型农业经营主体对接，鼓励开展订单式粮食生产，通过提前预约锁定收购粮源，建立长期稳定的合作关系。二是大力扶持发展粮食产后服务中心，面向种植户开展代清理、代烘干、代储存、代加工、代销售等服务，提升农业社会化服务效率，一揽子帮助农户解决收粮、清理、烘干、储粮、卖粮等难题。

执笔：郑骁喆
核稿：游源然
会审：吴文芳

2022 年福建主要畜禽生产情况分析

2022 年，福建认真贯彻落实党中央、国务院决策部署，采取有力有效措施，积极应对风险挑战，克服了新冠肺炎疫情、饲料价格上涨、市场行情波动等不利因素影响，畜牧业生产稳步发展，生产效能明显提高，生猪产能保持在合理运行区间，肉蛋奶产量持续增加，对保障市场供应、满足消费需求、稳定物价等方面发挥重要作用。

一、畜产品供应稳定增加

2022 年，全省猪牛羊禽肉产量稳定增长，全省猪牛羊禽肉产量 291.73 万吨，同比增长 3.4%。其中，猪肉产量 128.07 万吨，同比增长 3.0%；牛肉产量 2.69 万吨，同比增长 5.2%；羊肉产量 2.33 万吨，同比增长 5.2%；禽肉产量 158.64 万吨，同比增长 3.8%。禽蛋和生牛奶产量均有不同程度增长，禽蛋产量 59.83 万吨，同比增长 7.0%，生牛奶产量 21.51 万吨，同比增长 10.7%。

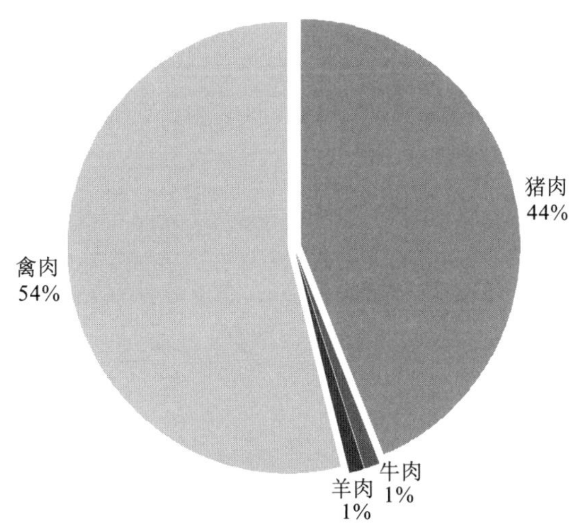

图 1　2022 年福建主要畜禽肉产量

二、生猪生产稳中有增

（一）生猪产能保持稳定

2022 年福建生猪存栏呈现季节性小幅波动，始终保持在合理运行区间。分季度看，一季度末存栏 927.40 万头，同比增长 1.2%；二季度末存栏 937.58 万头，同比增长 0.3%；三季度末存栏 959.07 万头，同比增长 2.8%；四季度末存栏 956.76 万头，同比增长 2.0%。其中，能繁母猪存栏分别为 93.41 万头、94.83 万头、98.83 万头、99.07 万头，同比分别增长 0.1%、-2.0%、3.4%、4.3%。近年来，受环保整治和非洲猪瘟疫情影响，全省生猪产业转型升级步伐加快，通过标准化规模养殖场示范创建，突出抓好产业化龙头企业、美丽牧场、专业合作社等新型经营主体的培育工作，在项目资金、金融支持等方面给予倾斜，新建、改建一大批规模养殖场，生猪产业规模化、标准化程度不断提高。2022 年生猪生产进入新一轮周期，全省产能调整节奏较为缓和，未出现大幅波动。

（二）生猪出栏稳定增长

2022 年全省生猪累计出栏 1614.13 万头，同比增长 4.3%。分季度看，一季度出栏 409.45 万头，同比增长 4.6%；二季度出栏 413.96 万头，同比增长 1.1%；三季度出栏 363.91 万头，同比下降 2.0%；四季度出栏 426.81 万头，同比增长 8.1%。全省生猪产能恢复到正常水平后，产能较为充裕，出栏量保持惯性增长，每个季度受市场消费变化和生猪价格变动等因素影响明显，呈现出阶段性集中出栏和压栏惜售的情况。

（三）生猪价格震荡运行

2022 年，全省生猪出栏价格总体先跌后涨再跌。年初受生猪高出栏、春节后消费淡季及新冠肺炎疫情等多重因素影响，生猪出栏月度均价从 1 月的 16.19 元/公斤持续下降到 3 月的 13.33 元/公斤，下降 21.5%。猪价在 3 月份触底反弹，进入 4 月全省生猪市场步入新一轮猪周期，生猪价格稳步回升。7 月份开始生猪养殖效益由亏转盈，改变持续一年的亏损状态，出栏价格逐月稳步上升，屡创年内新高，养殖效益持续好转。10 月份全省生猪月度出栏均价为 27.08 元/公斤，达到年内最高点，同比增长 112.4%，比 3 月最低的 13.33 元/公斤上涨 1 倍多。9、10 月份的价格上涨主要因为自 9 月以来，部分养猪户看好四季度市场行情，二次育肥和压栏大猪的现象增多，市场的供应端由于这部分的养猪户二次育肥和压栏惜售心理出现了阶段性的减少。11 月起，生猪价格连续两月下降，12 月生猪月度出栏均价为 21.31 元/公斤，比 10 月下降 21.3%。进入 12 月份，临近元旦及春节，南方受寒潮影响气温急剧下降，虽然目前新冠疫情管控政策有所调整，但消费市场表现不及预期，并未带动生猪价格回升，市场跌多涨少，但生猪供给却明显集中，受阶段性市场多重调整，生猪均价跌至育肥“成本线”。春节前夕，原本是生猪行业传统的需求旺季，但年底生猪价格整体下行明显，原因在于集团养殖企业集中提前出栏，再加上二次育肥的养殖户和压栏惜售的养殖户也会聚集在年前这一段选择出栏。

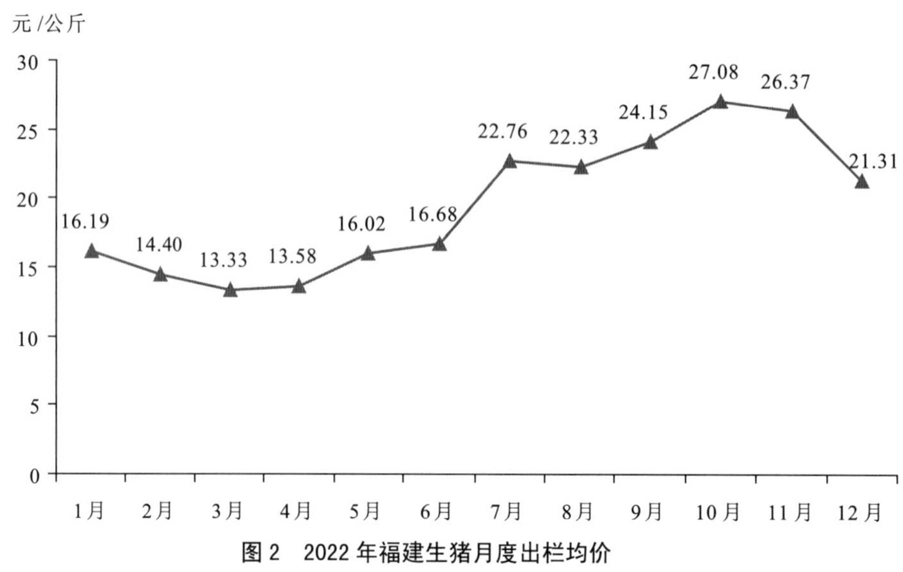

图 2　2022 年福建生猪月度出栏均价

三、牛羊生产势头良好

全省牛羊生产规模较小，总体保持良好发展形势。2022 年末，牛存栏 33.12 万头，同比增长 5.1%。其中，肉牛存栏 18.75 万头，同比增长 5.1%；奶牛存栏 5.02 万头，同比增长 8.0%。近年来，奶牛产业发展势头强劲，建宁县上黎生态牧业有限公司、福建省鼎业生态农业有限公司等大型奶牛场陆续投产，带动效应明显。2022 年，羊存栏为 105.85 万只，同比增长 0.7%。2022 年，牛全年出栏为 23.95 万头，同比增长 4.6%；羊全年出栏 160.92 万只，同比增长 0.8%。

四、家禽生产持续健康发展

2022 年以来，随着生猪供应持续增加，鸡肉与猪肉在消费市场的竞争进一步加剧，但鸡肉具有低价位优势和不可替代的营养优势，家禽产业在确保国家粮食安全和“双碳”目标实现方面的优势进一步释放，全年家禽生产总体保持健康发展。

2022 年末全省家禽存栏为 2.11 亿只，同比下降 0.7%；其中，活鸡存栏 1.54 亿只，同比下降 1.9%。2022 年家禽累计出栏 11.16 亿只，同比增长 3.5%；其中，活鸡出栏 9.14 亿只，同比增长 3.5%。

福建家禽产能充裕，“福建圣农集团”等头部企业产能保持稳定。2022 年圣农开始推广培育“圣泽 901”种鸡，有序推进“平改笼”养殖方式，进一步提升养殖效率。预计后期家禽生产总体仍将保持稳中有增的发展趋势。

执笔：郭宏杨

核稿：陈　桦

会审：吴文芳

就业形势总体平稳　就业压力依然较大

——2022年福建城镇就业情况分析

2022年，福建有力有效统筹疫情防控和经济社会发展，扎实落实就业优先政策，深入实施减负稳岗扩就业措施，积极拓展就业空间，加大重点群体就业帮扶，为就业稳定提供有力保障。据月度劳动力调查数据显示，2022年福建城镇调查失业率低于全国平均水平，重点群体就业改善，城镇就业保持总体稳定。

一、就业形势总体稳定

（一）就业市场呈现回暖迹象

据月度劳动力调查，2022年全省城镇就业人口比为61.0%。分季度看，年初就业形势开局较好，一季度城镇就业人口比为61.2%；二季度疫情导致临时失业人口增加，就业人口比降至60.3%；三至四季度就业人口比逐季走高，环比分别上升0.5和0.8个百分点，就业市场活跃度提升。据省人社厅统计，2022年全省城镇新增就业51.97万人，完成50万人的全年目标任务。

（二）城镇调查失业率实现预期目标

2022年福建省城镇调查失业率平均值为5.1%，在5.5%的年度预期目标内，比同期全国城镇调查失业率平均值低0.5个百分点。按失业率从高到低排序，2022年全省城镇调查失业率水平在华东六省一市居第5位。

（三）就业人员工作时间充分

2022年城镇就业人员平均每周工作49.3小时，比2021年增加0.2小时，比2020年增加1.5小时；其中，企业就业人员周平均工作48.1小时，比2021年减少0.7小时，比2020年增加3.0小时。分行业看，住宿和餐饮业就业人员工作时间最长，周平均工作55.5小时；其次是制造业、批发和零售业以及居民服务、修理和其他服务业，周平均工作时间分别为52.5小时、52.4小时和52.0小时。

（四）劳动者权益保障加强

社保制度逐步完善，居民参保意识增强，企业用工行为依法规范。调查数据显示，城镇就业人员劳动合同签订率为60.0%，比2021年上升1.2个百分点；社保覆盖面为89.0%，比2021年上升1.2个百分点；82.7%的就业人员享受带薪休假，比2021年上升1.4个百分点。

二、就业结构稳步调整

（一）企业成为吸纳就业主力军

企业是提供就业岗位的最重要载体。2022年城镇就业人口中，机关团体事业单位就业、企业就业、非农个体经营户、灵活就业和其他类型就业占比分别为11.2%、50.2%、23.2%、11.3%和4.1%。其中，企业就业占比较2021年略降0.4个百分点，但较2020年上升0.8个百分点。企业就业是就业韧性的重要支撑，是吸纳和调节就业的“蓄水池”。从就业渠道看，私营企业吸纳就业占企业就业人数的79.1%，国有企业吸纳就业占企业就业人数的14.9%。

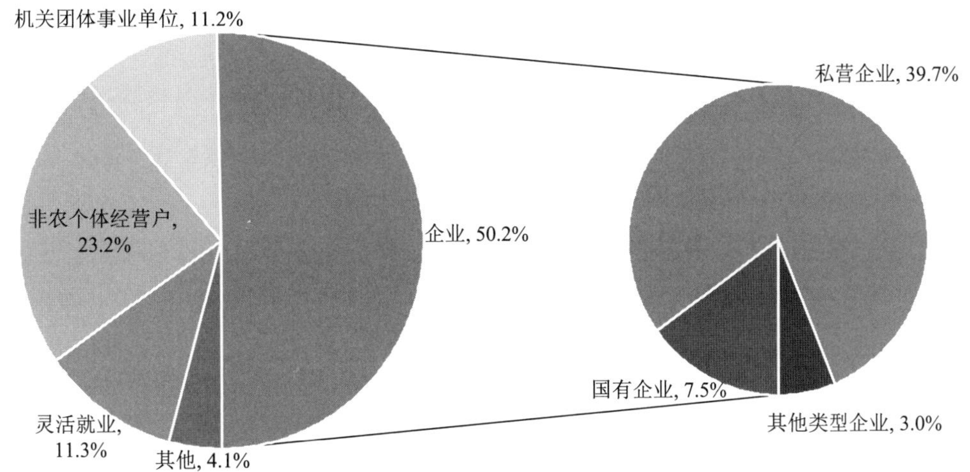

图 1 按单位或经营类型分城镇就业人员

（二）制造业就业人员占比逐年提升

2022 年，全省各级政府、部门压实稳工稳产主体责任，加快落实稳工稳产促就业政策，细化助企纾困措施，及时兑现稳就业、稳岗补贴，建立重点企业用工保障机制，保障企业用工需求。调查数据显示，制造业就业人员占城镇就业人员比重为 23.1%，分别较 2020 年、2021 年提高 0.5 和 0.4 个百分点。制造业企业用工情况较为平稳，从就业失业人口结构看，制造业吸纳的就业人口比重比同行业失业人口比重高 2.0 个百分点。

（三）互联网助推就业创业

互联网经济蓬勃发展，助力调整就业结构，提升就业质量，开拓就业空间。2022 年通过线上承揽业务或从事互联网相关工作的就业人员占城镇就业人员比重为 6.4%，比 2020 年和 2021 年分别高 1.5 和 0.2 个百分点。从行业门类看，互联网就业人员主要从事批发和零售业，交通运输、仓储和邮政业，以及住宿和餐饮业，上述 3 个行业就业占互联网就业人员的比重分别为 41.4%、14.0%和 11.7%。同时，线上求职不受时间地点限制，可以快速有效获取大量招聘信息。调查数据显示，失业人口中通过网络求职和收集岗位信息的占 19.1%，网络平台正逐渐成为求职的重要渠道。

互联网为创业赋能加速。2022 年，自主创业者占城镇就业人员比重为 12.2%，比 2021 年上升 0.1 个百分点。其中，16.9%的创业者通过互联网开展或承接业务。创业公司的生存稳定性增强，创立时间在 3 年及以上公司占 82.6%，比 2021 年提升 2.0 个百分点。

三、重点群体就业改善

（一）高校毕业生就业结构持续优化

高校学生就业所从事的行业门类前三名分别为教育、批发和零售业以及制造业，上述 3 个行业就业占高校学生就业的比重分别为 15.3%、14.5%和 11.0%。大学生就业偏好改变，一是在传统行业的就业比例下降。2022 年，大学生在农业就业比重为 0.3%，比 2020 年和 2021 年分别下降 0.1 和 0.3 个百分点；制造业就业比重为 11.0%，比前两年分别下降 0.1 和 2.9 个百分点；住宿和餐饮业就业比重为 2.3%，比前两年分别下降 0.6 和 1.2 个百分点。二是在社会公共管理与高新技术领域就业比例有所增加。2022 年，大学生在公共管理、社会保障和社会组织就业比重为 8.6%，比 2020 年、2021 年分别上升 0.4 和 0.9 个百分点；卫生和社会工作就业比重为 7.7%，比前两年分别上升 0.2 和 1.2 个百分点；科学研究和技术服务业就业比重为 3.7%，比前两年分别上升 0.1 和 1.1 个百分点。

（二）农民工就业韧性足

外来农业人员就业情况持续复苏。受疫情影响，外来农业人员的就业人口比在 4 月下探至全年最低点 70.3%，后呈波浪式上行趋势，并在 12 月达到全年最高点 75.6%。外来农业人员就业主要集中在制造业，批发和零售业以及建筑业，其从业人员占外来农业就业人员的比重分别为35.2%、16.3%和12.3%，上述3个行业合计吸纳63.8%的农民工。

（三）灵活就业集中在劳动密集型产业

灵活就业者多数从事传统产业，其中建筑业就业占35.0%，批发和零售业占17.1%，制造业占11.4%，交通运输、仓储和邮政业占11.0%，居民服务、修理和其他服务业占10.1%。灵活就业人员工作积极性高，53.0%的灵活就业人员为增加收入愿意工作更长时间，比城镇就业人员平均水平高9.2个百分点。

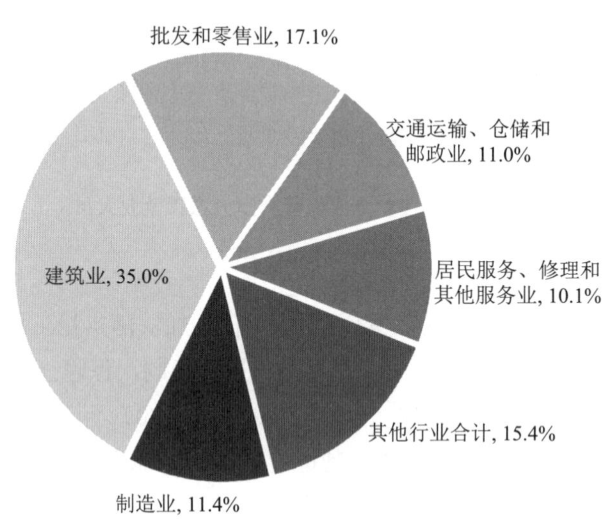

图2 灵活就业人员行业分布

四、存在的主要问题

（一）就业压力仍然较大

一是调查失业率同比走高。2022年，全省城镇调查失业率平均值比2021年均值上升0.6个百分点。疫情散发多发对就业产生一定影响，尤其3、4月份失业率明显走高，其余各月失业率普遍较2021年同期高0.2~0.6个百分点。二是就业人口比和疫情前存在一定差距。2022年，全省城镇就业人口比较2021年下降1.4个百分点，比发生疫情前的2019年下降2.0个百分点。

（二）就业结构性矛盾仍然突出

据省人社厅统计，2022年全省人力资源市场对有技能要求的熟练工的岗位需求33.04万人次，求职登记15.07万人次，岗位需求量远高于求职登记的人数。相较无技能要求的一般劳动力，2022年二季度起，其岗位需求量均少于求职登记的人数。劳动力市场对技术型人才和复合型人才需求较为旺盛，而低技能劳动者的求职难度有所增加。

（三）部分行业受到社会和经济环境发展变化影响较为显著

一是房地产周期下行导致相关行业失业人口增加。2022年建筑业失业人口占全省失业人口的比重为12.3%，比同行业吸纳的就业人口比重高3.5个百分点，建筑业从业人员失业风险较高。二是部分接触性服务业持续受到疫情影响。2022年全省城镇失业人口中，住宿和餐饮业占9.6%，居民服务、修理和其他服务业占6.2%，文化、体育和娱乐业占1.9%，比同行业吸纳的就业人口比重分别高3.9、1.6和0.8个百分点。三是个别行业的经营者面临关停并转的压力较大。因单位或个体经营户停产倒闭的失业人员中，批发和零售业占34.0%，制造业占23.1%，上述2个行业占比超过五成半。

（四）青年就业压力持续存在

16—24岁失业人口占城镇失业人口比重为26.3%，虽然比2021年下降1.6个百分点，但比2020年上升4.9个百分点。分季度看，高校毕业生集中进入劳动力市场，三季度该比重攀升至33.5%，比一、二季度分别提高9.9和7.5个百分点。随着应届毕业生就业形势逐步改善，四季度该比重回落到23.4%。

五、相关建议

（一）推动政策落地，支持市场主体稳岗扩岗

深入推进商事制度改革，加快推进政务服务标准化，优化商事登记流程，完善营商环境。打通助企稳岗政策举措落实堵点，提高政策知晓度，扩大政策受惠面，通过阶段性降低社保费率、缓缴社保费、提高稳岗返还标准、加大就业补贴实施力度等多种措施，减轻企业负担，稳住就业岗位。

（二）强化就业导向，开展职业技能培训

把“扩面提质”作为职业技能培训的重点，完善职业培训制度，扩大职业培训规模，提高培训群体的覆盖面，提升技能培训的有效性和针对性。一方面，加快培养知识型、技能型、创新型劳动者，使更多劳动者快速适应新兴业态发展和经济结构调整。另一方面，要实现培训内容与岗位需求的紧密结合，做到学有所成、学有所用。

（三）优化就业服务，加大对青年群体的帮扶力度

组织线上线下招聘活动，为青年就业提供职业指导、岗位推荐、职业培训或就业见习机会。对就业困难青年和长期失业青年开展结对帮扶，提供个性化就业指导与服务，加强职业规划和实践引导，助其尽快实现就业。

执笔：陈　晶
核稿：王振洪
会审：吴文芳

总量企稳回升　收入持续增加

——2022 年福建农民工监测调查分析

2022 年，福建省政府印发了关于贯彻落实扎实稳住经济一揽子政策措施的实施方案，有力统筹疫情防控和经济社会发展，推出一揽子稳岗稳就业举措，最大限度减少疫情对农民工的影响，有效促进农民工稳定就业、增加收入。农民工监测调查显示，2022 年福建籍农民工就业人数企稳回升，收入持续增加，就业规模基本恢复至疫情前水平，但也存在稳定农民工就业压力依然较大、技能素质有待提高、权益保障仍有短板等问题。

一、农民工基本情况

（一）就业人数企稳回升，基本恢复至疫情前水平

随着福建“一揽子”稳岗稳就业措施的落实，对减轻企业负担、提振经营信心、稳定就业岗位发挥了重要作用。据调查，2022 年福建省农民工总量达 984.5 万人，比上年增加 6.1 万人，增长 0.6%；比 2020 年的 949.4 万人增加 35.1 万人，增长 3.7%；比疫情前 2019 年的 984.7 万人减少 0.2 万人，基本持平，就业总量已基本恢复至疫情前水平。其中，本地农民工为 491.3 万人，比上年增加 2.2 万人，增长 0.5%；外出农民工为 493.2 万人，比上年增加 3.9 万人，增长 0.8%（详见表 1）。

表 1　2022 年福建农民工规模及构成

指标名称	2022 年绝对数（万人）	2022 年比 2021 年		2022 年比 2019 年	
		绝对数（万人）	相对数（%）	绝对数（万人）	相对数（%）
农民工总量（A+B）	984.5	6.1	0.6	-0.2	0.0
季末外出农民工（A）	493.2	3.9	0.8	-8.6	-1.7
住户中外出农民工	308.5	9.7	3.2	-2.5	-0.8
举家外出农民工	184.7	-5.8	-3.0	-6.1	-3.2
季末本地农民工（B）	491.3	2.2	0.5	8.4	1.7

（二）教育程度有所提高，学历以初中以下为主

据调查，2022 年福建农民工受教育程度普遍偏低，多数农民工未接受过高中以上的教育，文化程度以初中为主，占 48.0%；初中及以下文化程度占 67.9%，比 2021 年下降 0.4 个百分点；高中以上文化程度占 32.1%，比 2021 年提高 0.4 个百分点，可见，农民工受教育程度有所提高（详见表 2）。

表 2　福建农民工受教育程度

单位：%

受教育程度	2022 年占比	2021 年占比	占比增减
未上过学	1.7	1.8	-0.1
小学	18.2	18.5	-0.3
初中	48.0	48.0	0.0
高中	16.4	16.9	-0.5
大学专科	9.6	9.0	0.6
大学本科	5.9	5.6	0.3
研究生	0.2	0.2	0.0

（三）就业类型以雇员为主，自营人员占比减少

据调查，2022 年福建农民工的就业类型以雇员为主，占 77.8%，比 2021 年提高 0.7 个百分点；农业自营和非农自营占 21.5%，比 2021 年下降 0.8 个百分点；雇主占 0.6%，与上年持平（详见表 3）。

表 3　福建农民工就业类型

单位：%

类　型	2022 年占比	2021 年占比	占比增减
雇主	0.6	0.6	0.0
雇员	77.8	77.1	0.7
农业自营	0.3	0.3	0.0
非农自营	21.2	22.0	-0.8

二、农民工就业状况

（一）外出就业以省内为主，省外回流趋势明显

从外出就业地区看，外出农民工以省内就业为主，且省外回流趋势明显。2022 年，外出农民工省内就业占外出总人数的 83.1%，比上年提高 3.6 个百分点。其中：乡外县内占 36.1%，下降 0.4 个百分点；县外省内占 46.9%，提高 3.9 个百分点。出省就业占 16.9%，下降 3.6 个百分点。在出省就业的农民工中，东部地区占 66.6%，提高 8.9 个百分点；中部地区占 11.9%，下降 0.6 个百分点；西部地区占 20.7%，提高 3.4 个百分点；其他地区占 0.8%，下降 0.5 个百分点。出省就业人数占比居前的地区分别是：广东，占 34.1%；浙江，占 10.0%；上海，占 9.2%；江苏，占 6.1%（见图 1）。

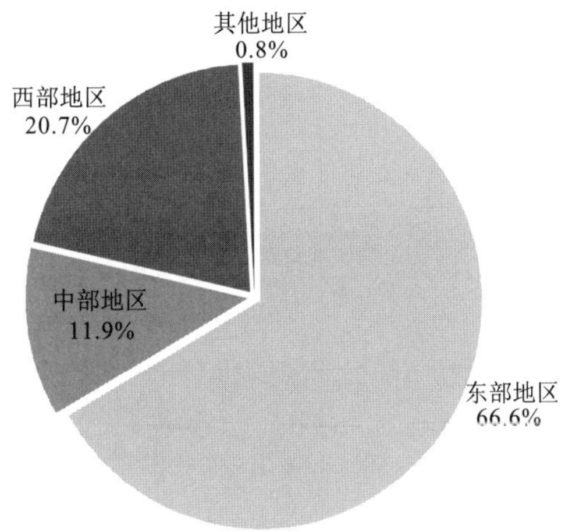

图 1　省外从业区域分布图

（二）收入持续增加，形势总体向好

2022 年农民工月均工资收入为 4941 元，比 2021 年增加 200 元，增长 4.2%，比 2020 年增加 729 元，增长 17.3%。其中本地农民工月均工资收入为 4258 元，比 2021 年增加 183 元，增长 4.5%；外出务工月均工资收入为 5746 元，比 2021 年增加 176 元，增长 3.2%。

从收入分布看：2022 年本地农民工平均月收入 3000 元及以上的占 75.6%，比 2021 年提高 3.3 个百分点；月均工资在 2000—3000 元的占 18.3%，下降 2.2 个百分点；月均工资在 2000 元以下的占 5.9%，下降 1.4 个百分点。外出农民工平均月收入在 5000 元及以上的占 59.3%，提高 4.1 个百分点；月均工资在 3000—5000 元的占 36.8%，下降 1.1 个百分点；月均工资在 3000 元以下的占 4.0%，下降 2.9 个百分点。可见，本地及外出农民工的高收入比重均有所提高，低收入比重均有所下降，收入形势总体向好（详见表 4）。

表 4　2022 年福建籍农民工月均收入分布情况

单位：%

外出农民工	比重	本地农民工	比重
其中：800 元以下	—	其中：500 元以下	0.1
800—1000 元	—	500—1000 元	0.2
1000—1500 元	0.1	1000—1500 元	1.3
1500—2000 元	0.3	1500—2000 元	4.3
2000—3000 元	3.6	2000—3000 元	18.3
3000—5000 元	36.8	3000 元及以上	75.6
5000 元及以上	59.3		

（三）行业结构基本稳定，仍以二、三产业为主

2022 年农民工从事行业结构与 2021 年相比基本稳定，从事行业集中度较高。其中：从事一产的占 0.6%，与 2021 年持平；从事二产的占 43.0%，下降 0.1 个百分点；从事三产的占 56.4%，提高 0.2 个百分点。分行业看，制造业、批发和零售业、建筑业占比居前，分别为 27.0%、18.5%和 13.9%（详见表 5）。

表 5　2022 年农民工从事主要行业比重情况

单位：%

行业分类	2022 年比重	2021 年比重	比重增减
1.第一产业	0.6	0.6	0.0
2.第二产业	43.0	43.1	-0.1
(1)制造业	27.0	27.4	-0.4
(2)建筑业	13.9	13.8	0.1
3.第三产业	56.4	56.2	0.2
(1)批发和零售业	18.5	18.7	-0.2
(2)交通运输、仓储和邮政业	5.3	5.1	0.2
(3)住宿和餐饮业	5.2	5.3	-0.1
(4)居民服务、修理和其他服务业	10.5	10.4	0.1
(5)公共管理、社会保障和社会组织	4.7	4.8	-0.1

（四）参保意识明显增强，保障水平有所提高

从社会保障情况看，农民工参保意识增强，医疗、养老参保覆盖面继续扩大，保障水平有所提高。据调查，2022 年福建农民工医疗保险、养老保险参保率分别为 100.0%和 94.4%，比上年分别提高 0.4 和 0.8 个百分点。外出农民工所在单位或雇主为其缴纳的“五险一金”呈 4 升 2 降，其中，养老保险、工伤保险、医疗保险和住房公积金的比例分别为 30.1%、32.5%、30.1%和 20.1%，比上年分别提高 0.5、0.9、0.8 和 1.7 个百分点；失业保险、生育保险的比例分别为 25.6%和 21.3%，比上年分别下降 0.4 和 0.3 个百分点（详见表 6）。

表 6　外出就业农民工“五险一金”缴纳情况

单位：%

“五险一金”缴纳情况	2022 年占比	2021 年占比	占比增减
缴纳养老保险	30.1	29.6	0.5
缴纳工伤保险	32.5	31.6	0.9
缴纳医疗保险	30.1	29.3	0.8
缴纳失业保险	25.6	26.0	-0.4
缴纳生育保险	21.3	21.6	-0.3
缴纳住房公积金	20.1	18.4	1.7

三、需要关注的问题

（一）回流趋势明显，就业半径收窄，稳定就业压力较大

2022 年，出省就业仅占 16.9%，比上年下降 3.6 个百分点，省外回流趋势比较明显，农民工就业半径收窄，在一定程度上增加本省的就业压力。同时由于经济下行压力较大、消费需求不足、投资增长趋缓，吸纳农民工就业较多的服务业、消费领域、中小微企业受冲击明显，企业关停、减招慎招等现象增多，稳定农民工就业压力依然不减。

（二）受教育程度偏低，就业能力不足，技能素质有待提高

2022 年，农民工教育程度为初中及以下的占 67.9%，多数农民工受教育程度偏低。农民工中有初级技能证书和技术职称的分别占 1.8%和 1.5%，有中级技能证书和技术职称的分别占 1.1%和 1.0%，有高级技能证书和技术职称的分别占 0.5%和 0.3%，无技能证书和技术职称的分别占 96.6%和 97.1%，大部分农民工缺乏职业技能。

（三）劳动时间长，合同签订率偏低，权益保障仍有短板

2022 年，全省外出务工农民工有 36.3%每月工作 26 天以上；14.7%每天平均工作时间超过 10 个小时。外出务工人员中与雇主签订劳动合同的占 48.2%，比上年提高 1.5 个百分点，但仍有超过半数（51.7%）的外出务工人员没有与雇主签订劳动合同。

四、相关建议

（一）全力稳定农民工就业

一是积极应对经济下行压力，更加有力落实好助企纾困、稳岗拓岗各项政策，坚持实施保就业税费支持政策，完善农业转移人口和农村劳动力就业创业支持政策，优化失业保险稳岗返还政策等，千方百计助企，全方位发力保就业。二是支持农民工返乡创业带动就业，扩展县域农民工就业空间。三是加强农民工输出地和输入地劳务对接，健全省际间、市县间多层次的劳务协作机制，扩大县域就业容量，帮助农民工

就地就近就业。四是提高农民工就业服务质量，规范零工市场、企业用工管理，加强对困难农民工的就业帮扶。

（二）持续提升农民工就业能力技能素质

一是建立和完善农民工职业技能培训体系，开展职业技能培训和岗位培训，使农民工掌握必要的技术技能。建立完善与薪酬挂钩的激励制度，提高农民工参加职业技能培训的积极性和主动性。二是完善政府、用人单位和农民工个人共同分担的农民工培训资金投入机制，推进人社、教育、农业农村等部门的培训资源在县域共建共享。三是提高职业技能培训质量，引导培训资源向市场急需、企业生产必需领域集中，规范开展订单式、紧缺型职业工种培训，增强培训的针对性和实效性。四是提高农民工的职业素养，大力弘扬工匠精神，营造劳动光荣的社会风尚和精益求精的敬业风气。

（三）加强农民工劳动权益保障

一是督促指导用人单位依法与农民工签订劳动合同，规范企业用工行为。督促用人单位落实工时、休息休假等劳动标准。二是进一步扩大农民工参加企业职工基本养老金、医疗保险、失业保险、工伤保险规模，加强劳动保障监督检查力度，强化企业的依法缴纳责任。三是继续压实平台企业用工责任，维护新就业形态农民工的劳动权益。四是做好宣传引导，利用线上线下宣传渠道，采取农民工喜闻乐见的形式，加强对农民工劳动权益维护等相关政策的宣传解读，提高农民工对相关政策的知晓度。

附注：

农民工是指户籍仍在农村，进城务工和在当地或异地从事非农产业劳动 6 个月及以上的劳动者。本地农民工是指在户籍所在乡镇地域内从业的农民工。外出农民工是指在户籍所在乡镇地域外从业的农民工。

执笔：曾红梅　李君
核稿：曾红梅
会审：吴文芳

1-1　全省行政区划(2022年底)

设区市名称	县级行政单位数(个)				县级行政单位名称
	合计	县	县级市	市辖区	
总　计	**84**	**42**	**11**	**31**	
福州市	13	6	1	6	鼓楼区 仓山区 台江区 马尾区 晋安区 长乐区
					福清市 闽侯县 连江县
					罗源县 闽清县 永泰县 平潭县
厦门市	6			6	思明区 海沧区 湖里区 集美区 同安区 翔安区
莆田市	5	1		4	城厢区 涵江区 荔城区 秀屿区 仙游县
三明市	11	8	1	2	三元区 沙县区 永安市 明溪县 清流县 宁化县
					大田县 尤溪县 将乐县 泰宁县 建宁县
泉州市	12	5	3	4	鲤城区 丰泽区 洛江区 泉港区 石狮市 晋江市
					南安市 惠安县 安溪县 永春县 德化县 金门县
漳州市	11	7		4	芗城区 龙文区 龙海区 长泰区 云霄县 诏安县
					漳浦县 东山县 南靖县 平和县 华安县
南平市	10	5	3	2	延平区 建阳区 邵武市 武夷山市 建瓯市 顺昌县
					浦城县 光泽县 松溪县 政和县
龙岩市	7	4	1	2	新罗区 永定区 漳平市 长汀县 上杭县 武平县 连城县
宁德市	9	6	2	1	蕉城区 福安市 福鼎市 霞浦县 古田县 屏南县 寿宁县
					周宁县 柘荣县

注：县级行政单位包括金门县。

1-2 国民经济和社会发展

项 目	总量指标					
	1978年	1990年	2000年	2010年	2020年	2022年
人口与就业						
年末总人口(万人)	2446	3037	3410	3693	4161	4188
#城镇人口		642	1432	2109	2861	2937
年末从业人员(万人)	924	1496	1794	2114	2206	2174
城镇登记失业人员(万人)	20.82	9.00	9.10	14.49	35.74	28.31
城镇单位在岗职工平均工资(元)	567	2162	10584	32647	91072	106977
国民经济核算						
地区生产总值(亿元)	66.37	522.28	3764.54	15002.51	43608.55	53109.85
第一产业	23.93	147.01	616.37	1269.87	2730.81	3076.20
第二产业	28.19	174.47	1622.33	7705.25	20168.43	25078.20
第三产业	14.25	200.80	1525.83	6027.39	20709.31	24955.45
主要行业						
工业	23.85	150.55	1422.34	6532.27	15615.48	19628.83
建筑业	4.34	23.92	206.11	1201.07	4618.99	5518.86
人均地区生产总值(元)	273	1735	11194	40773	105106	126829
财政						
一般公共预算总收入(亿元)	15.13	57.06	369.67	2056.01	5158.43	5382.45
地方一般公共预算收入(亿元)			234.11	1151.49	3079.04	3339.21
一般公共预算支出(亿元)	15.14	68.45	324.18	1695.09	5216.10	5691.22
金融						
金融机构人民币各项存款余额(亿元)	25.95	359.45	3114.32	18309.45	55160.49	70859.00
#财政存款			39.59	678.08	1053.15	796.95
金融机构人民币各项贷款余额(亿元)	31.43	381.93	2438.82	15231.36	58589.49	74128.73
#短期贷款			1728.01	6594.50	17843.60	21214.76
中长期贷款			510.32	8372.64	37789.18	46512.20
保险公司赔款及给付金额(亿元)			17.76	102.90	393.23	446.89
价格指数(上年=100)						
居民消费价格指数	100.2	99.3	102.1	103.2	102.2	101.9
工业生产者出厂价格指数			100.5	103.2	98.4	102.9
工业生产者购进价格指数			112.4	107.7	98.6	105.2
农业						
农林牧渔业总产值(亿元)	36.33	227.12	1037.27	2226.41	4901.07	5502.56
主要农产品产量(万吨)						
粮食	744.90	879.64	854.68	584.65	502.32	508.70
油料	13.80	17.66	25.79	22.08	22.73	23.61
甘蔗	288.03	344.28	82.71	55.69	26.98	28.84
烤烟	1.23	4.26	9.14	11.52	10.03	12.09
茶叶	2.03	5.82	12.60	25.83	46.14	52.08
园林水果	10.10	75.78	356.44	495.03	717.05	817.31
肉类	24.27	71.83	145.92	192.61	259.39	296.30
禽蛋		12.94	40.69	30.54	53.66	59.83
奶类	0.93	4.87	9.91	13.24	17.48	22.05

总量和速度指标

平均增长速度(%)					2022年比上年增长(%)
1979-2022年	1991-2022年	2001-2022年	2011-2022年	2021-2022年	
1.23	1.01	0.94	1.05	0.32	0.02
	4.87	3.32	2.80	1.32	0.64
2.0	1.2	0.9	0.2	-0.7	-1.0
0.7	3.6	5.3	5.7	-11.0	-25.4
12.6	13.0	11.1	10.4	8.4	5.4
11.6	11.6	10.2	8.5	6.5	4.7
5.1	4.6	3.3	3.5	4.4	3.7
13.8	14.1	11.7	9.0	6.7	5.4
12.1	11.2	10.0	8.6	6.5	4.0
14.3	14.4	11.8	9.1	7.4	4.9
8.4	12.1	11.2	8.8	4.8	7.3
10.2	10.4	9.1	7.3	6.0	4.3
14.3	15.3	12.9	8.4	2.1	-6.3
		12.8	9.3	4.1	-1.3
14.4	14.8	13.9	10.6	4.5	9.3
19.7	18.0	15.3	11.9	13.3	17.0
		14.6	1.4	-13.0	-29.6
19.3	17.9	16.8	14.1	12.5	12.5
		12.1	10.2	9.0	9.6
		22.8	15.4	10.9	9.5
		15.8	13.0	6.6	4.0
4.5	3.5	1.9	2.1	1.3	1.9
		0.4	0.7	3.9	2.9
		2.5	1.3	7.2	5.2
5.7	5.3	3.5	3.7	4.5	3.9
-0.9	-1.7	-2.3	-1.2	0.6	0.5
1.2	0.9	-0.4	0.6	1.9	1.3
-5.1	-7.5	-4.7	-5.3	3.4	0.2
5.3	3.3	1.3	0.4	9.8	15.0
7.7	7.1	6.7	6.0	6.2	6.7
10.5	7.7	3.8	4.3	6.8	7.1
5.9	4.5	3.3	3.7	6.9	3.4
	4.9	1.8	5.8	5.6	7.0
7.5	4.8	3.7	4.3	12.3	10.4

1-2 续表 1

项　　目	总量指标					
	1978年	1990年	2000年	2010年	2020年	2022年
水产品	54.44	145.59	527.89	587.42	832.98	862.35
食用菌		18.24	46.25	76.27	137.88	153.13
造林面积(万亩)	292.07	455.87	36.75	44.81	7.34	3.06
工业						
规模以上工业主要产品产量						
原煤(万吨)	423.05	925.37	375.03	2442.73	645.85	443.17
原盐(万吨)	94.67	67.21	28.37	33.39	26.54	24.54
罐头(万吨)	4.10	14.41	26.78	203.21	281.80	245.58
布(亿米)	1.12	2.26	5.59	31.20	74.49	70.04
纱(万吨)	1.84	5.48	14.36	184.74	543.45	571.66
机制纸及纸板(万吨)	20.08	52.09	85.07	432.06	798.49	935.30
农用化肥(万吨)	16.40	43.64	61.38	57.87	86.25	48.16
烧碱(万吨)	4.32	8.70	15.64	20.11	35.90	26.12
水泥(万吨)	120.45	540.04	1513.64	5921.20	9686.90	9656.80
平板玻璃(万重量箱)	43.59	66.06	479.87	2765.35	5361.63	5439.50
生铁(万吨)	26.57	62.60	149.37	558.81	1106.21	1382.48
钢材(万吨)	13.82	56.28	283.79	1340.56	3861.65	3505.54
彩色电视机(万台)		123.14	204.19	903.10	1330.02	1075.90
微型电子计算机(万台)			88.77	738.27	1493.63	1185.26
汽车(万辆)	0.09	0.07	2.96	19.50	18.04	33.89
发电量(亿千瓦小时)	40.69	136.65	403.73	1356.32	2537.12	2882.66
建筑业						
建筑业企业从业人员(万人)	4.54	30.98	41.37	229.57	483.79	471.04
建筑业总产值(亿元)	3.31	32.54	271.15	3062.17	14117.80	16850.97
房屋施工面积(万平方米)	416.57	969.35	4085.40	28406.86	82671.20	85603.78
房屋竣工面积(万平方米)	183.40	499.30	1729.00	9095.78	18231.74	20254.67
交通运输邮电						
铁路营业里程(公里)	1009	1021	1454	2110	3774	4230
公路通车里程(公里)	29109	41011	53506	91015	110118	112878
#高速公路			351	2350	5635	5951
内河通航里程(公里)	3629	3888	3701	3245	3245	3245
客运量(万人)	7928	39495	44203	77153	25490	18140
铁路	718	1234	1428	3640	7539	6378
公路	6285	36639	41696	70714	14882	9651
水运	924	1567	726	1444	742	538
民航	1	55	353	1356	2327	1572
货运量(万吨)	4871	20321	29483	66159	139927	169107
铁路	1261	1902	2475	3765	3750	4815
公路	2671	16710	22924	45575	91137	106939
水运	939	1708	4078	16803	45018	57336
民航	0.02	0.83	5.84	15.81	22.80	16.82
沿海主要港口货物吞吐量(万吨)	408.13	1496.50	6944.17	32687.01	62132.47	71407.99

平均增长速度(%)					2022年比上年增长(%)
1979-2022年	1991-2022年	2001-2022年	2011-2022年	2021-2022年	
6.5	5.7	2.3	3.3	1.7	1.1
	6.9	5.6	6.0	5.4	4.9
-9.8	-14.5	-10.7	-20.0	-35.4	-37.6
0.1	-2.3	0.8	-13.3	-17.2	-18.0
-3.0	-3.1	-0.7	-2.5	-3.8	-2.6
9.7	9.3	10.6	1.6	-6.6	-17.9
9.9	11.3	12.2	7.0	-3.0	-11.8
13.9	15.6	18.2	9.9	2.6	2.6
9.1	9.4	11.5	6.6	8.2	-6.0
2.5	0.3	-1.1	-1.5	-25.3	-27.8
4.2	3.5	2.4	2.2	-14.7	-31.1
10.5	9.4	8.8	4.2	-0.2	-4.4
11.6	14.8	11.7	5.8	0.7	-1.3
9.4	10.2	10.6	7.8	11.8	20.7
13.4	13.8	12.1	8.3	-4.7	-11.9
	7.0	7.8	1.5	-10.1	-22.2
		12.5	4.0	-10.9	-13.5
14.4	21.4	11.7	4.7	37.1	-1.1
10.2	10.0	9.3	6.5	6.6	2.7
11.2	8.9	11.7	6.2	-1.3	-1.7
21.4	21.6	20.6	15.3	9.3	6.6
12.9	15.0	14.8	9.6	1.8	-1.9
11.3	12.3	11.8	6.9	5.4	5.5
3.3	4.5	5.0	6.0	5.9	6.2
3.1	3.2	3.5	1.8	1.2	1.7
		13.7	8.1	2.8	2.4
-0.3	-0.6	-0.6			0.0
1.9	-2.4	-4.0	-11.4	-15.6	-17.1
5.1	5.3	7.0	4.8	-8.0	-23.6
1.0	-4.1	-6.4	-15.3	-19.5	-8.3
-1.2	-3.3	-1.4	-7.9	-14.8	-27.5
17.8	11.0	7.0	1.2	-17.8	-31.0
8.4	6.8	8.3	8.1	9.9	1.8
3.1	2.9	3.1	2.1	13.3	-5.8
8.7	6.0	7.3	7.4	8.3	-3.5
9.8	11.6	12.8	10.8	12.9	14.2
16.5	9.9	4.9	0.5	-14.1	-8.2
12.5	12.8	11.2	6.7	7.2	3.2

1-2 续表 2

项　　目	总量指标					
	1978年	1990年	2000年	2010年	2020年	2022年
邮电业务						
函件(万件)	8790	16228	24163	25198	3268	2693
移动电话年末用户(万户)			441.00	3022.00	4739.28	4894.40
固定电话年末用户(万户)	5.88	22.82	562.70	1046.00	733.07	679.83
国内贸易						
社会消费品零售总额(亿元)	30.56	207.74	1393.93	6015.22	18626.45	21050.12
进出口						
海关进出口总额(亿美元)	2.03	43.39	212.23	1087.80	2033.17	2972.34
出口总额	1.90	24.49	129.08	714.93	1223.87	1819.26
进口总额	0.13	18.90	83.15	372.87	809.30	1153.08
旅游						
接待入境游客人数(万人次)		70.79	161.33	368.14	229.67	48.26
外国人		10.54	49.75	115.27	93.92	20.91
台湾同胞		36.28	47.79	156.92	83.02	15.44
港澳同胞		23.97	63.80	95.94	52.73	11.90
国际旅游外汇收入(亿美元)			8.94	29.78	20.69	3.14
教育						
普通高等学校	2.05	5.56	13.14	64.78	94.72	107.61
普通中等学校	119.98	120.69	269.46	260.22	257.68	283.55
普通小学	370.23	337.08	369.10	238.89	343.61	359.09
科技						
技术市场成交额(亿元)		0.44	17.26	38.12	183.86	289.52
授权量		276	3003	18063	145929	141536
文化						
图书出版总印数(万份)	6818	16312	20298	7749	13620	17416
期刊出版总印数(万份)	388	3157	4463	2940	2017	1960
报纸出版总印数(万份)	14784	41455	68897	99982	69515	63878
电视节目制作时间(小时)			16519	55424	55417	49024
公共图书馆(座)	23	74	81	86	97	95
博物馆(个)	13	58	81	94	132	140
居民生活						
城镇居民人均可支配收入(元)	371	1749	7432	21781	47160	53817
城镇居民人均消费支出(元)	285	1431	5639	14750	30487	35692
城镇居民人均住房建筑面积(平方米)		18.1	28.0	38.5	43.8	44.4
农村居民人均可支配(纯)收入(元)	138	764	3230	7427	20880	24987
农村居民人均生活消费支出(元)	113	708	2410	5498	16339	20467
卫生						
卫生机构数(个)	3809	4885	9807	6999	28152	29117
#医院、卫生院	1111	1198	1323	1325	1585	1600
卫生技人员数(人)	54855	86772	97569	140133	278397	308122
医生	22097	35696	41461	55402	105546	116098
卫生机构床位数(张)	51505	68073	90091	112334	216753	232425
#医院、卫生院	45331	60664	82389	103933	202189	218548

平均增长速度(%)					2022年比上年增长(%)
1979-2022年	1991-2022年	2001-2022年	2011-2022年	2021-2022年	
-2.7	-5.5	-9.5	-17.0	-9.2	6.5
		11.6	4.1	1.6	1.5
11.4	11.2	0.9	-3.5	-3.7	-3.9
16.0	15.5	13.1	11.0	6.3	3.3
18.0	14.1	12.7	8.7	20.9	4.2
16.9	14.4	12.8	8.1	21.9	8.7
22.9	13.7	12.7	9.9	19.4	-2.2
	-1.2	-5.3	-15.6	-54.2	-25.9
	2.2	-3.9	-13.3	-52.8	-32.5
	-2.6	-5.0	-17.6	-56.9	-13.0
	-2.2	-7.3	-16.0	-52.5	-27.4
		-4.6	-17.1	-61.1	-36.2
9.4	9.7	10.0	4.3	6.6	5.2
2.0	2.7	0.2	0.7	4.9	4.2
-0.1	0.2	-0.1	3.5	2.2	1.8
	22.5	13.7	18.4	25.5	35.0
	21.5	19.1	18.7	-1.5	-8.0
2.2	0.2	-0.7	7.0	13.1	12.6
3.7	-1.5	-3.7	-3.3	-1.4	-2.2
3.4	1.4	-0.3	-3.7	-4.1	-2.0
		5.1	-1.0	-5.9	-11.5
3.3	0.8	0.7	0.8	-1.0	-1.0
5.6	2.8	2.5	3.4	3.0	
12.0	11.3	9.4	7.8	6.8	5.2
11.6	10.6	8.7	7.6	8.2	5.2
	2.8	2.1	1.2	0.7	1.1
12.6	11.5	9.7	10.6	9.4	7.6
12.5	11.1	10.2	11.6	11.9	6.1
4.7	5.7	5.1	12.6	1.7	1.5
0.8	0.9	0.9	1.6	0.5	
4.0	4.0	5.4	6.8	5.2	4.7
3.8	3.8	4.8	6.4	4.9	4.5
3.5	3.9	4.4	6.2	3.6	3.8
3.6	4.1	4.5	6.4	4.0	4.4

1-3 国民经济和社会发展结构指标

单位：%

项　　目	1978年	1990年	2000年	2010年	2020年	2022年
一、人口						
(一)性别结构						
男		51.4	51.5	51.4	51.7	51.8
女		48.6	48.5	48.6	48.3	48.2
(二)城乡结构						
城镇		21.4	42.0	57.1	68.8	70.1
乡村		78.6	58.0	42.9	31.2	29.9
二、就业产业结构						
第一产业	75.1	58.4	46.8	28.4	14.6	13.8
第二产业	13.4	20.5	24.5	36.6	32.6	33.2
第三产业	11.4	21.1	28.7	35.0	52.8	53.1
三、国民经济核算						
地区生产总值产业结构						
第一产业	36.0	28.2	16.4	8.5	6.3	5.8
第二产业	42.5	33.4	43.1	51.3	46.2	47.2
第三产业	21.5	38.4	40.5	40.2	47.5	47.0
四、农业						
(一)农林牧渔业产值结构						
农业	77.7	52.1	40.6	40.4	37.1	37.5
林业	6.4	9.5	7.9	8.5	8.0	7.8
牧业	10.5	22.9	20.1	18.6	23.3	19.4
渔业	5.5	15.6	31.4	28.8	28.0	31.6
农林牧渔服务业				3.7	3.6	3.6
(二)农作物播种面积						
粮食作物	81.9	75.8	65.5	55.3	49.6	48.2
非粮作物	18.1	24.2	34.5	44.7	50.4	51.8
五、工业						
规模以上工业企业资产结构						
大型企业			22.0	23.7	38.5	45.0
中型企业			13.5	40.9	27.0	22.6
小微企业			64.5	35.4	34.6	32.3
六、建筑业						
建筑业总产值结构						
国有企业	56.8	41.1	48.6	14.6	5.7	5.9
集体企业	39.9	34.7	33.0	2.0	1.3	1.1
港澳台商投资企业				1.1	0.8	0.8
外商投资企业				0.08	0.20	0.22
其他				82.2	92.0	92.0
七、交通运输业						
(一)货运量结构						
铁路	25.9	9.4	8.4	5.7	2.7	2.8
公路	54.8	82.2	77.8	68.9	65.1	63.2
水运	19.3	8.4	13.8	25.4	32.2	33.9
民航			0.02	0.02	0.02	0.01

1-3　续表

单位：%

项　　目	1978年	1990年	2000年	2010年	2020年	2022年
(二)客运量结构						
铁路	9.1	3.1	3.2	4.7	29.6	35.2
公路	79.3	92.8	94.3	91.7	58.4	53.2
水运	11.7	4.0	1.6	1.9	2.9	3.0
民航	0.01	0.14	0.8	1.8	9.1	8.7
八、国内贸易						
社会消费品零售总额结构						
按销售单位所在地分组						
城镇				86.8	86.9	86.9
乡村				13.2	13.1	13.1
按商品形态分						
餐饮收入额					9.3	8.8
商品零售额					90.7	91.2
九、海关货物进出口(按美元计价)						
(一)进口货物总额						
初级产品			12.3	27.5	58.0	62.1
工业制成品			87.7	72.5	42.0	37.9
(二)出口货物总额						
初级产品			10.6	7.4	8.2	8.0
工业制成品			89.4	92.6	91.8	92.0
十、国际旅游						
来华旅游人数结构						
外国人		14.9	30.8	31.3	40.9	43.3
台湾同胞		51.3	29.6	42.6	36.1	32.0
港澳同胞		33.9	39.5	26.1	23.0	24.7
十一、居民消费						
(一)城镇居民消费结构						
食品烟酒			44.7	39.3	31.7	31.2
衣着			8.7	8.7	4.7	5.0
居住			9.4	10.9	30.7	29.9
生活用品及服务			8.6	6.6	5.0	5.4
交通通信			8.6	14.9	12.3	11.1
教育文化娱乐服务			10.4	12.1	7.5	9.5
医疗保健			4.7	4.2	5.8	5.8
其他用品及服务			4.9	3.4	2.2	2.2
(二)农村居民消费结构						
食品烟酒			48.7	46.1	38.4	34.5
衣着			4.9	5.6	4.6	4.7
居住			14.6	15.7	24.1	25.3
生活用品及服务			4.6	5.3	5.3	5.0
交通通信			8.6	11.6	10.3	11.3
教育文化娱乐服务			10.6	8.4	7.5	9.0
医疗保健			3.6	4.6	7.8	8.0
其他用品及服务			4.6	2.6	1.8	2.1

1-4 国民经济和社会发展比例和效益指标

项　目	1978年	1990年	2000年	2010年	2020年	2022年
一、人口与就业						
出生率(‰)	25.35	24.44	11.60	11.27	9.21	7.07
死亡率(‰)	6.31	6.71	5.85	5.16	6.24	6.52
自然增长率(‰)	19.04	17.73	5.75	6.11	2.97	0.55
二、国民经济核算						
工业增加值占地区生产总值比重(%)	35.9	28.8	37.8	43.5	35.8	37.0
人均地区生产总值(元)	273	1735	11194	40773	105106	126829
社会劳动生产率(元/人)		3733	21149	71731	197502	243010
三、财政金融						
一般公共预算总收入相当于地区生产总值比例(%)	22.8	10.9	9.8	13.7	11.8	10.1
一般公共预算支出相当于地区生产总值比例(%)	22.8	13.1	8.6	11.3	12.0	10.7
金融机构年末人民币存款余额相当于地区生产总值比例(%)	39.1	68.8	82.7	122.0	126.5	133.4
金融机构年末人民币贷款余额相当于地区生产总值比例(%)	47.4	73.1	64.8	101.5	134.4	139.6
四、农业						
粮食	219	282	312	363	401	405
油料	85	105	138	159	191	193
五、工业						
规模以上工业						
总资产贡献率(%)			9.26	18.80	12.93	10.49
资产负债率(%)			57.52	52.74	50.68	54.78
流动资产周转次数(次)			1.89	2.87	2.62	2.08
成本费用利润率(%)			4.76	8.83	7.74	7.08
六、建筑业						
建筑业劳动生产率(按产值计算)(元/人)			64884	134520	285578	335721
产值利税率(%)		1.5	5.2	6.4	5.7	5.1
七、交通运输业						
铁路网密度(公里/万平方公里)	81.37	82.34	117.26	170.16	304.38	341.13
公路网密度(公里/万平方公里)	2347.5	3307.34	4315.00	7339.92	8880.48	9103.06
八、对外贸易						
进出口总额相当于地区生产总值比例(%)		43.4	46.7	49.1	32.3	37.3
#出口总额相当于地区生产总值比例(%)		24.5	28.4	32.3	19.4	22.8
机电产品出口占出口总额的比重(%)				41.1	37.8	38.2
高新技术产品出口占出口总额的比重(%)				18.4	12.0	10.7
九、自然资源						
森林覆盖率(%)	39.50	43.20	60.50	63.10	66.80	65.12
十、居民生活						
全体居民人均可支配收入(元)					37202	43118
城镇居民人均可支配收入与农村居民人均可支配(纯)收入之比(以农民人均纯收入为1)	2.70	2.32	2.30	2.93	2.26	2.15
十一、科技教育卫生						
每万人口发明专利拥有量(件)				0.89	12.2	17.9
每千人口拥有卫生技术人员数(人)	2.24	2.85	2.86	3.79	6.69	7.36
#医生	0.9	1.2	1.2	1.5	2.5	2.8
每千人口拥有卫生机构床位数(张)	2.1	2.2	2.6	3.0	5.2	5.6

1-5　平均每天主要社会经济活动

项　　目	1978年	1990年	2000年	2010年	2020年	2022年
一、全省每天创造的财富						
地区生产总值(亿元)	0.18	1.43	10.29	41.10	119.15	145.51
农林牧渔总产值(亿元)	0.10	0.62	2.83	6.10	13.39	15.08
一般公共预算总收入(亿元)	0.04	0.16	1.01	5.63	14.09	14.75
#地方一般公共预算收入			0.64	3.15	8.41	9.15
一般公共预算支出(亿元)	0.04	0.19	0.89	4.64	14.25	15.59
原煤(吨)	11590	25353	10247	66924	17646	12142
原盐(吨)	2594	1841	775	915	725	672
发电量(万千瓦时)	1114.79	3743.84	11030.87	37159.45	69320.25	78977.00
粗钢(吨)	443	1415	3414	29778	67391	82074
钢材(吨)	379	1542	7754	36728	105509	96042
生铁(吨)	728	1715	4081	15310	30224	37876
水泥(吨)	3300	14796	41356	162225	264669	264570
平板玻璃(重量箱)	1194	1810	13111	75763	146493	149027
布(万米)	30.68	61.92	152.64	854.80	2035.22	1918.94
纱(吨)	50	150	392	5061	14848	15662
服装(万件)		30.46	108.95	800.75	1505.74	1969.59
机制纸及纸板(吨)	550	1427	2324	11837	21817	25625
农用化肥(吨)	449	1196	1677	1586	2356	1319
烧碱(吨)	118	238	427	551	981	716
彩色电视机(台)		3374	5579	24742	36339	29477
卷烟(箱)	558	2093	2695	4623	4844	4931
罐头(吨)	112	395	732	5567	7700	6728
粮食(吨)	20408	24100	23352	16018	13725	13937
油料(吨)	378	484	705	605	621	647
甘蔗(吨)	7891	9432	2260	1526	737	790
茶叶(吨)	56	159	344	708	1261	1427
园林水果(吨)	277	2076	9739	13562	19592	22392
肉类(吨)	665	1968	3987	5277	7087	8118
水产品(吨)	1492	3989	14423	16094	22759	23626
食用菌(吨)		500	1264	2089	3767	4195
二、全省每天消费量						
社会消费品零售总额(亿元)	0.08	0.57	3.81	16.48	50.89	57.67
三、每天其他经济活动						
国际旅游外汇收入(万美元)			244.21	815.96	565.20	85.96
货运周转量(亿吨公里)	0.20	0.75	1.88	8.17	24.65	31.08
客运周转量(万人公里)	978.90	4805.48	9124.86	17774.25	18086.52	14022.37
货物进出口总额(万美元)	55.62	1188.79	5798.72	29802.81	55551.19	81433.97
出口总额(万美元)	52.05	670.98	3526.85	19587.16	33439.08	49842.66
进口总额(万美元)	3.56	517.81	2271.87	10215.66	22112.11	31591.31
主要港口货物吞吐量(万吨)	1.12	4.10	18.97	89.55	169.76	195.64
邮寄函件(万件)	24.08	44.46	66.02	69.04	8.93	7.38
图书出版总印数(万份)	18.68	44.69	55.46	21.23	37.21	47.71
杂志出版总印数(万份)	1.06	8.65	12.19	8.06	5.51	5.37
报纸出版总印数(万份)	40.50	113.58	188.24	273.92	189.93	175.01
四、全省每天婚姻变动						
结婚对数(对)			714	1038	562	455
离婚对数(对)			33	120	255	160

二 住户调查

资料整理：范春霞　郭宏杨　何晓莉

简 要 说 明

一、本篇资料的主要内容

本篇资料反映全省城乡居民收入、消费及其他生活状况，以及农民工监测调查情况。住户调查内容主要包括居民现金和实物收支情况、住户成员及劳动力从业情况、居民家庭食品和能源消费情况、住房和耐用消费品拥有情况、家庭经营和生产投资情况、社区基本情况以及其他民生状况等。农民工监测调查的主要内容包括农村劳动力就业基本情况；外出从业人员及本地非农务工人员工作条件、收支情况、生活情况和社会保障情况；农村劳动力本地非农自营和创业情况；农民工子女教育情况；调查小区人口、劳动力及举家外出情况等。

二、本篇资料来源

住户调查的数据来源于国家统计局福建调查总队居民收支调查处统一组织开展的住户收支与生活状况调查，是对全省居民家庭抽样调查汇总的结果。农民工调查的数据来源于国家统计局福建调查总队住户监测处组织开展的农民工监测调查。

三、住户调查方法

住户调查是依据国家统计局统一制定的住户调查方案收集资料，逐级审核，汇总整理调查数据。全省住户调查的抽样方法是使用国家统计局统一的抽样框，以省为总体，在对县级调查网点代表性进行评估的基础上，采用分层、多阶段随机抽样方法抽选调查住宅，确定调查户。参加全省汇总的调查样本户为 5000 户。

四、农民工监测调查方法

农民工监测调查方法是以人口普查为抽样框资料，以省为总体，采用分层、多阶段、PPS 抽样方法随机抽选调查小区。在抽中调查小区内，按照系统抽样方法随机抽选调查住宅和住户。

2-1 全省居民家庭基本情况(2018-2022年)

指　　标	单位	2018年	2019年	2020年	2021年	2022年
一、基本情况						
户均常住成员	人/户	3.00	3.14	3.04	3.16	3.12
户均常住从业人数	人/户	1.57	1.58	1.53	1.64	1.57
平均每户家庭从业人口比重	%	52.33	50.32	50.33	51.90	50.40
平均每一从业人口负担人数(包括从业者本人)	人	1.91	1.99	1.99	1.93	1.98
二、户主文化程度						
(一)未上过学	%	2.93	2.73	2.55	2.18	2.11
(二)小学	%	26.49	26.51	26.32	23.12	23.22
(三)初中	%	38.75	37.27	37.32	35.61	35.80
(四)高中	%	16.19	17.23	16.68	19.51	19.33
(五)大学专科	%	7.90	8.29	8.53	10.41	10.65
(六)大学本科	%	7.41	7.64	8.31	8.50	8.27
(七)研究生	%	0.33	0.32	0.30	0.67	0.62
三、常住从业人员就业类型						
(一)雇主	%	0.66	0.69	0.75	0.83	0.79
(二)公职人员	%	2.47	2.37	2.19	1.65	1.66
(三)事业单位人员	%	4.96	5.08	4.91	5.68	5.74
(四)国有企业雇员	%	3.17	3.06	3.03	3.52	3.60
(五)其他雇员	%	57.79	59.59	60.34	60.01	60.14
(六)农业自营	%	17.13	14.38	13.74	13.68	13.28
(七)非农自营	%	13.81	14.83	15.04	14.64	14.79
四、常住从业人员从事主要行业						
(一)第一产业	%	19.19	16.43	16.26	16.10	15.94
(二)第二产业	%	31.36	30.88	30.21	29.39	28.63
(三)第三产业	%	49.44	52.69	53.53	54.51	55.43
五、常住户家庭收入与支出						
居民可支配收入	元/人	32643.93	35616.09	37202.43	40659	43117.72
居民消费支出	元/人	22996.04	25314.30	25125.79	28440	30041.70

2-2　全省居民人均可支配收入(2018-2022年)

单位：元

指　　标	2018年	2019年	2020年	2021年	2022年
可支配收入	**32643.93**	**35616.09**	**37202.43**	**40659**	**43118**
工资性收入	18996.93	20679.46	21651.40	23784	25278
经营净收入	6015.29	6582.51	6567.37	7412	7875
财产净收入	3165.47	3527.63	4011.39	4540	4798
转移净收入	4466.25	4826.48	4972.27	4923	5167

2-3　全省居民人均可支配收入构成(2018-2022年)

单位：%

指　　标	2018年	2019年	2020年	2021年	2022年
可支配收入构成	**100.00**	**100.00**	**100.00**	**100.0**	**100.0**
工资性收入	58.19	58.06	58.20	58.5	58.6
经营净收入	18.43	18.48	17.65	18.2	18.3
财产净收入	9.70	9.90	10.78	11.2	11.1
转移净收入	13.68	13.55	13.37	12.1	12.0

2-4 全省居民人均生活消费支出(2018-2022年)

单位：元

指　　标	2018年	2019年	2020年	2021年	2022年
生活消费支出	22996.04	25314.30	25125.79	28440	30042
食品烟酒	7572.91	8095.61	8385.06	9168	9629
食品	5212.45	5683.49	6143.68	6107	6371
烟酒	706.96	726.99	737.80	797	866
饮料	177.33	171.72	178.00	232	247
饮食服务	1476.17	1513.40	1325.59	2031	2145
衣着	1212.06	1319.60	1182.43	1432	1470
衣类	1015.12	1132.20	1010.05	1217	1233
鞋类	196.94	187.40	172.39	215	236
居住	6130.01	6974.94	7304.81	8301	8637
租赁房房租	420.90	427.92	433.42	443	476
住房维修及管理	628.24	805.47	674.25	639	982
水、电、燃料及其他	1027.13	1068.81	1152.95	1414	1406
自有住房折算租金	4053.75	4672.74	5044.19	5806	5773
生活用品及服务	1223.13	1269.66	1274.82	1473	1587
家具及室内装饰品	175.43	198.40	188.75	186	229
家用器具	299.64	284.17	315.49	362	420
家用纺织品	81.17	88.56	82.42	99	105
家庭日用杂品	311.58	324.70	335.58	360	374
个人护理用品	266.74	282.95	267.99	380	375
家庭服务	88.57	90.88	84.59	85	84
交通通信	2923.34	3019.38	2972.03	3121	3346
交通	2059.01	2172.09	2100.66	2170	2402
通信	864.34	847.30	871.37	951	943
教育文化娱乐	2194.01	2508.97	1895.90	2572	2807
教育	1426.76	1720.37	1415.94	1943	2158
文化娱乐	767.25	788.60	479.96	629	649
医疗保健	1234.79	1506.79	1583.24	1769	1905
医疗器具及药品	370.93	365.20	389.16	417	458
医疗服务	863.87	1141.60	1194.08	1352	1447
其他用品及服务	505.78	619.35	527.49	606	662
其他用品	264.09	290.86	239.57	290	324
其他服务	241.69	328.49	287.91	316	337

2-5 全省居民人均生活消费支出构成(2018-2022年)

单位：%

指　　标	2018年	2019年	2020年	2021年	2022年
生活消费支出	100.00	100.00	100.00	100.00	100.00
食品烟酒	32.93	31.98	33.37	32.23	32.05
食品	22.67	22.45	24.45	21.47	21.21
烟酒	3.07	2.87	2.94	2.80	2.88
饮料	0.77	0.68	0.71	0.82	0.82
饮食服务	6.42	5.98	5.28	7.14	7.14
衣着	5.27	5.21	4.71	5.03	4.89
衣类	4.41	4.47	4.02	4.28	4.10
鞋类	0.86	0.74	0.69	0.75	0.79
居住	26.66	27.55	29.07	29.19	28.75
租赁房房租	1.83	1.69	1.72	1.56	1.58
住房维修及管理	2.73	3.18	2.68	2.25	3.27
水、电、燃料及其他	4.47	4.22	4.59	4.97	4.68
自有住房折算租金	17.63	18.46	20.08	20.41	19.22
生活用品及服务	5.32	5.02	5.07	5.18	5.28
家具及室内装饰品	0.76	0.78	0.75	0.65	0.76
家用器具	1.30	1.12	1.26	1.27	1.40
家用纺织品	0.35	0.35	0.33	0.35	0.35
家庭日用杂品	1.35	1.28	1.34	1.26	1.25
个人护理用品	1.16	1.12	1.07	1.34	1.25
家庭服务	0.39	0.36	0.34	0.30	0.28
交通通信	12.71	11.93	11.83	10.97	11.14
交通	8.95	8.58	8.36	7.63	8.00
通信	3.76	3.35	3.47	3.34	3.14
教育文化娱乐	9.54	9.91	7.55	9.04	9.34
教育	6.20	6.80	5.64	6.83	7.18
文化娱乐	3.34	3.12	1.91	2.21	2.16
医疗保健	5.37	5.95	6.30	6.22	6.34
医疗器具及药品	1.61	1.44	1.55	1.47	1.52
医疗服务	3.76	4.51	4.75	4.75	4.82
其他用品及服务	2.20	2.45	2.10	2.13	2.20
其他用品	1.15	1.15	0.95	1.02	1.08
其他服务	1.05	1.30	1.15	1.11	1.12

2-6 全省居民消费主要食品数量(2018-2022年)

单位：千克

项　　目	2018年	2019年	2020年	2021年	2022年
粮食类	125.10	120.19	124.43	129.16	120.88
谷物	115.91	110.80	114.85	119.99	112.24
薯类	2.14	2.14	2.04	1.85	1.71
豆类	7.05	7.25	7.54	7.32	6.92
食用油	9.14	8.85	9.58	10.66	10.04
食用植物油	7.86	7.90	8.91	9.62	9.08
蔬菜及食用菌	90.83	86.42	89.59	94.50	90.21
鲜菜	87.17	82.80	85.98	91.00	87.06
肉类	34.72	27.79	24.57	34.13	36.12
猪肉	29.13	22.34	19.34	27.69	29.89
牛肉	1.95	2.22	2.09	2.39	2.46
羊肉	0.73	0.68	0.61	0.81	0.81
禽类	11.53	13.03	15.66	14.98	13.58
水产品	23.95	25.32	26.39	26.78	25.73
蛋类	8.65	9.08	10.67	11.35	11.08
奶类	11.75	10.67	11.74	13.42	11.44
鲜瓜果	42.74	40.76	41.19	44.59	41.67

2-7 全省居民平均每百户年末主要耐用消费品拥有量(2018-2022年)

指　　标	单位	2018年	2019年	2020年	2021年	2022年
(一)家用汽车	辆	24.87	27.47	29.42	33.04	32.39
(二)摩托车	辆	50.84	51.56	50.59	48.62	49.00
(三)电冰箱(柜)	台	98.13	102.21	102.98	106.46	106.68
(四)洗衣机	台	85.03	90.49	91.64	97.46	98.06
(五)热水器	台	104.33	110.22	113.19	114.53	114.42
(六)空调	台	138.64	155.53	156.61	185.29	185.50
(七)彩色电视机	台	125.70	131.34	130.87	126.64	127.35
(八)照相机	台	11.01	11.57	11.26	8.25	8.12
(九)计算机	台	59.43	61.20	63.44	59.28	60.08
(十)乐器	架	5.70	7.44	7.50	7.67	7.94
(十一)固定电话	部	23.73	20.79	19.00	13.52	11.76
(十二)移动电话	部	246.74	259.71	256.83	263.79	263.08

2-8 农村居民家庭基本情况(1978-2022年)

年份	调查户数(户)	平均每户常住人口(人)	平均每户整半劳动力(人)	平均每个劳动力负担人口(人)	农村居民人均住房使用面积(平方米)	农村居民人均住房建筑面积(平方米)	农村居民人均可支配(纯)收入(元)	农村居民人均生活消费支出(元)
1978		6.50	2.22	2.92			137.54	112.35
1979		6.38	2.16	2.88			142.20	132.57
1980		6.25	2.06	3.03			171.74	157.67
1981		6.23	2.10	2.97	8.30		231.65	199.25
1982		6.27	2.27	2.76	7.67		268.16	231.14
1983		6.29	2.60	2.42	10.44		301.84	261.86
1984	1820	6.19	2.66	2.32	11.73		344.94	287.87
1985	1820	5.74	2.95	1.94	14.47		396.45	350.57
1986	1820	5.69	2.99	1.90	15.10		418.51	394.10
1987	1820	5.51	3.08	1.82	15.86		484.88	442.83
1988	1820	5.56	3.09	1.80	16.18		613.41	570.73
1989	1820	5.54	3.09	1.79	16.65		697.34	652.58
1990	1820	5.50	3.03	1.81	18.47		764.41	707.97
1991	1820	5.37	3.03	1.77	19.14		850.05	764.98
1992	1820	5.31	3.05	1.74	19.64		984.11	820.75
1993	1820	5.24	3.10	1.69	22.38		1210.51	1069.79
1994	1820	5.17	3.13	1.65	24.62		1577.74	1439.53
1995	1820	4.91	3.02	1.62	22.88		2048.59	1793.68
1996	1820	4.87	2.98	1.63	23.37		2492.49	1915.57
1997	1820	4.77	2.96	1.61	23.74		2785.67	1990.52
1998	1820	4.70	3.00	1.57	24.87		2946.37	2025.09
1999	1820	4.62	2.95	1.56	26.40		3091.39	2038.57
2000	1820	4.24	2.70	1.57	32.14		3230.49	2409.69
2001	1820	4.17	2.68	1.56	33.82		3380.72	2503.07
2002	1820	4.07	2.57	1.58	35.68		3538.74	2583.16
2003	1820	4.08	2.83	1.44	35.96		3733.93	2717.92
2004	1820	4.02	2.71	1.48	38.18		4089.38	3015.58
2005	1820	4.05	2.77	1.47	40.15		4450.36	3292.63
2006	1820	4.03	2.77	1.45	42.35		4834.75	3591.40
2007	1820	4.00	2.77	1.44	44.50		5467.08	4053.47
2008	1820	3.98	2.78	1.43	46.13		6196.07	4661.94
2009	1820	3.98	2.78	1.43	46.76		6680.18	5015.72
2010	1820	3.94	2.76	1.43	47.54		7426.86	5498.33
2011	1820	3.84	2.73	1.40	49.82		8778.55	6540.85
2012	1820	3.84	2.71	1.41	50.80		9967.17	7401.92
2013	1859	3.29	2.22	1.48		63.71	11404.85	9986.15
2014	1848	3.25	2.21	1.47		60.83	12650.19	11055.93
2015	1883	3.20	2.20	1.45		63.48	13792.70	11960.79
2016	1917	3.21	2.24	1.43		66.47	14999.19	12910.84
2017	1906	3.17	2.21	1.43		68.00	16334.79	14003.40
2018	1689	3.03	2.09	1.45		78.90	17821.19	14942.80
2019	1690	3.24	2.17	1.49		76.34	19568.35	16281.35
2020	1690	3.04	2.14	1.42		80.70	20880.30	16338.87
2021	1690	3.35	2.31	1.45		75.22	23229	19290
2022	1690	3.22	2.26	1.43		77.45	24987	20467

2-9 农村居民人均可支配收入(2018-2022年)

单位：元

指　　标	2018年	2019年	2020年	2021年	2022年
可支配收入	**17821.19**	**19568.35**	**20880.30**	**23229**	**24987**
工资性收入	8214.72	8949.31	9410.99	10516	11361
经营净收入	6705.62	7178.64	7509.82	8586	9128
财产净收入	322.45	344.57	392.89	466	519
转移净收入	2578.40	3095.82	3566.59	3660	3979

2-10 农村居民人均可支配收入构成(2018-2022年)

单位：%

指　　标	2018年	2019年	2020年	2021年	2022年
可支配收入构成	**100.00**	**100.00**	**100.00**	**100.0**	**100.0**
工资性收入	46.10	45.73	45.07	45.3	45.5
经营净收入	37.63	36.68	35.97	37.0	36.5
财产净收入	1.81	1.76	1.88	2.0	2.1
转移净收入	14.47	15.82	17.08	15.8	15.9

2-11　农村居民人均生活消费支出(2018-2022年)

单位：元

指　　标	2018年	2019年	2020年	2021年	2022年
生活消费支出	14942.80	16281.35	16338.87	19290	20467
食品烟酒	5339.76	5783.98	6273.92	6765	7061
食品	4056.43	4353.03	4813.32	4962	5078
烟酒	703.12	712.35	788.64	792	862
饮料	129.66	139.01	142.38	175	193
饮食服务	450.55	579.60	529.59	835	928
衣着	677.07	774.47	754.52	918	963
衣类	559.81	641.64	631.53	770	790
鞋类	117.26	132.83	122.99	148	173
居住	3649.08	3798.93	3942.98	4894	5176
租赁房房租	72.22	72.52	69.98	54	59
住房维修及管理	669.38	720.90	639.89	646	958
水、电、燃料及其他	858.33	803.29	860.78	1553	1414
自有住房折算租金	2049.15	2202.22	2372.33	2641	2746
生活用品及服务	764.75	809.06	874.04	939	1034
家具及室内装饰品	130.40	147.22	127.58	107	134
家用器具	194.54	197.70	248.74	251	316
家用纺织品	50.48	60.28	59.32	53	67
家庭日用杂品	225.81	217.45	240.22	266	277
个人护理用品	140.07	160.06	169.59	240	219
家庭服务	23.45	26.35	28.60	22	20
交通通信	1817.09	1903.36	1688.33	2232	2323
交通	1209.79	1294.01	1058.56	1551	1611
通信	607.30	609.35	629.76	681	712
教育文化娱乐	1359.44	1614.99	1232.04	1662	1844
教育	1034.76	1285.81	979.45	1355	1519
文化娱乐	324.68	329.18	252.59	307	325
医疗保健	1015.81	1210.44	1270.94	1484	1634
医疗器具及药品	298.35	289.81	319.28	301	360
医疗服务	717.46	920.63	951.66	1183	1274
其他用品及服务	319.80	386.12	302.09	397	433
其他用品	199.18	222.86	171.73	247	245
其他服务	120.62	163.26	130.36	150	188

2-12　农村居民人均生活消费支出构成(2018-2022年)

单位：%

指　　标	2018年	2019年	2020年	2021年	2022年
生活消费支出	100.00	100.00	100.00	100.00	100.00
食品烟酒	35.73	35.53	38.40	35.07	34.50
食品	27.15	26.74	29.46	25.72	24.81
烟酒	4.71	4.38	4.83	4.11	4.21
饮料	0.87	0.85	0.87	0.91	0.94
饮食服务	3.02	3.56	3.24	4.33	4.53
衣着	4.53	4.76	4.62	4.76	4.70
衣类	3.75	3.94	3.87	3.99	3.86
鞋类	0.78	0.82	0.75	0.77	0.84
居住	24.42	23.33	24.13	25.37	25.29
租赁房房租	0.48	0.45	0.43	0.28	0.29
住房维修及管理	4.48	4.43	3.92	3.35	4.68
水、电、燃料及其他	5.74	4.93	5.27	8.05	6.91
自有住房折算租金	13.71	13.53	14.52	13.69	13.42
生活用品及服务	5.12	4.97	5.35	4.87	5.05
家具及室内装饰品	0.87	0.90	0.78	0.55	0.66
家用器具	1.30	1.21	1.52	1.30	1.54
家用纺织品	0.34	0.37	0.36	0.28	0.33
家庭日用杂品	1.51	1.34	1.47	1.38	1.35
个人护理用品	0.94	0.98	1.04	1.24	1.07
家庭服务	0.16	0.16	0.18	0.11	0.10
交通通信	12.16	11.69	10.33	11.57	11.35
交通	8.10	7.95	6.48	8.04	7.87
通信	4.06	3.74	3.85	3.53	3.48
教育文化娱乐	9.10	9.92	7.54	8.61	9.01
教育	6.92	7.90	5.99	7.02	7.42
文化娱乐	2.17	2.02	1.55	1.59	1.59
医疗保健	6.80	7.43	7.78	7.69	7.98
医疗器具及药品	2.00	1.78	1.95	1.56	1.76
医疗服务	4.80	5.65	5.82	6.13	6.22
其他用品及服务	2.14	2.37	1.85	2.06	2.12
其他用品	1.33	1.37	1.05	1.28	1.20
其他服务	0.81	1.00	0.80	0.78	0.92

2-13 农村居民消费主要食品数量(2018-2022年)

单位：千克

指　　标	2018年	2019年	2020年	2021年	2022年
粮食类	164.10	162.11	167.12	171.43	165.03
谷物	154.43	151.24	156.20	161.87	155.58
薯类	2.35	2.67	2.27	2.05	1.87
豆类	7.32	8.20	8.64	7.51	7.58
食用油	9.87	9.87	10.55	12.02	11.06
食用植物油	7.73	8.39	9.42	10.08	9.30
蔬菜及食用菌	98.14	92.18	96.30	104.33	98.66
鲜菜	95.19	88.96	93.21	101.27	95.82
肉类	34.82	27.55	22.80	34.19	37.83
猪肉	30.93	23.62	19.34	29.80	33.41
牛肉	1.09	1.32	0.98	1.30	1.44
羊肉	0.55	0.53	0.47	0.61	0.64
禽类	12.79	15.21	19.49	18.74	16.21
水产品	20.73	23.04	24.18	24.23	23.48
蛋类	8.41	9.22	10.67	11.75	11.37
奶类	7.49	8.14	8.25	9.48	8.23
鲜瓜果	35.03	34.62	33.76	38.34	36.22

2-14 农村居民年末主要耐用消费品拥有量(2018-2022年)

单位：平均每百户

指　　标	单位	2018年	2019年	2020年	2021年	2022年
(一)家用汽车	辆	15.10	16.68	18.47	20.15	19.53
(二)摩托车	辆	76.22	78.71	75.24	79.00	78.92
(三)电冰箱(柜)	台	101.48	104.04	104.58	108.67	108.02
(四)洗衣机	台	84.14	89.57	89.72	97.90	98.72
(五)热水器	台	97.24	103.78	106.57	109.79	110.14
(六)空调	台	78.36	91.55	95.21	124.20	123.07
(七)彩色电视机	台	133.71	136.03	134.44	137.28	136.45
(八)照相机	台	3.00	3.03	3.13	1.42	1.58
(九)计算机	台	31.93	33.81	35.90	28.59	28.73
(十)乐器	架	1.21	1.88	2.00	1.43	1.30
(十一)固定电话	部	24.86	21.17	18.50	12.47	9.80
(十二)移动电话	部	249.47	261.49	253.58	267.19	264.73

2-15　城镇居民家庭基本情况(1978-2022年)

年　份	调查户数(户)	平均每户家庭人口(人)	平均每户就业人数(人)	平均每户就业面(%)	平均每一就业者负担人数(人)	城镇居民人均可支配收入(元)	城镇居民人均生活消费支出(元)
1978	120	3.87	2.40	62.02	1.61	370.58	285.36
1979	-	-	-	-	-	-	339.14
1980	259	4.53	2.32	51.21	1.95	449.64	391.92
1981	324	4.51	2.40	53.22	1.88	451.52	404.64
1982	324	4.44	2.48	55.86	1.79	519.56	465.72
1983	324	4.36	2.41	55.28	1.80	573.36	503.63
1984	724	4.27	2.37	55.50	1.80	582.15	494.39
1985	1010	4.06	2.25	55.42	1.81	733.31	674.85
1986	1010	4.00	2.23	55.75	1.79	928.64	790.47
1987	1010	3.97	2.25	56.68	1.77	1020.78	892.85
1988	1250	3.77	2.10	55.70	1.79	1236.09	1077.38
1989	1250	3.70	2.09	56.49	1.77	1554.67	1339.61
1990	1250	3.64	2.09	57.42	1.74	1749.09	1431.06
1991	1250	3.43	2.00	58.31	1.72	1952.50	1659.36
1992	1250	3.39	2.03	59.88	1.67	2351.45	1941.78
1993	1250	3.35	2.01	60.00	1.67	2922.93	2417.93
1994	1250	3.29	1.92	58.36	1.71	3934.61	3351.12
1995	1250	3.27	1.93	59.02	1.69	4852.93	4132.19
1996	1250	3.25	1.94	59.69	1.68	5574.12	4567.80
1997	1250	3.28	1.96	59.76	1.67	6143.64	4935.95
1998	1250	3.23	1.90	58.82	1.70	6485.63	5181.45
1999	1250	3.22	1.90	59.01	1.69	6859.81	5266.69
2000	1500	3.23	1.80	55.73	1.79	7432.26	5638.74
2001	1700	3.20	1.80	56.25	1.78	8313.08	6015.11
2002	1700	3.13	1.73	55.27	1.81	9189.31	6631.72
2003	1700	3.08	1.72	55.84	1.79	9999.54	7356.26
2004	1700	3.05	1.58	51.80	1.93	11175.37	8161.15
2005	1700	3.04	1.60	52.63	1.90	12321.31	8794.41
2006	1700	3.04	1.64	53.95	1.86	13753.28	9807.71
2007	1700	3.01	1.60	53.16	1.90	15505.42	11055.13
2008	1800	3.14	1.69	53.82	1.86	17961.45	12501.12
2009	1800	3.12	1.72	55.13	1.81	19576.83	13450.57
2010	1800	3.08	1.71	55.52	1.80	21781.31	14750.01
2011	2000	3.12	1.68	53.85	1.86	24907.40	16661.05
2012	2000	3.10	1.68	54.19	1.85	28055.24	18593.21
2013	2846	2.97	1.58	53.20	1.88	28173.90	20564.70
2014	2833	2.99	1.61	53.77	1.86	30722.39	22204.06
2015	2894	3.08	1.59	51.70	1.93	33275.34	23520.19
2016	2912	3.13	1.62	51.80	1.93	36014.26	25005.52
2017	2850	3.14	1.62	51.60	1.94	39001.36	25980.45
2018	3305	2.93	1.53	52.20	1.92	42121.31	28145.13
2019	3307	3.08	1.56	50.65	1.97	45620.46	30945.55
2020	3310	3.04	1.54	50.66	1.97	47160.27	30486.54
2021	3310	3.06	1.59	52.17	1.92	51140	33942
2022	3310	3.06	1.56	50.87	1.97	53817	35692

注：2013-2022年城镇居民人均可支配收入及生活消费支出为新口径数据，1978-2012年为老口径数据。

2-16 城镇居民人均可支配收入(2018-2022年)

单位：元

指　　标	2018年	2019年	2020年	2021年	2022年
可支配收入	**42121.31**	**45620.46**	**47160.27**	**51140**	**53817**
工资性收入	25890.87	27992.19	29119.06	31762	33491
经营净收入	5573.90	6210.88	5992.39	6706	7136
财产净收入	4983.24	5511.99	6218.97	6990	7323
转移净收入	5673.30	5905.40	5829.85	5682	5868

2-17 城镇居民人均可支配收入构成(2018-2022年)

单位：%

指　　标	2018年	2019年	2020年	2021年	2022年
可支配收入构成	**100.00**	**100.00**	**100.00**	**100.0**	**100.0**
工资性收入	61.47	61.36	61.74	62.1	62.2
经营净收入	13.23	13.61	12.71	13.1	13.3
财产净收入	11.83	12.08	13.19	13.7	13.6
转移净收入	13.47	12.94	12.36	11.1	10.9

2-18 城镇居民人均生活消费支出(2018-2022年)

单位：元

指标	2018年	2019年	2020年	2021年	2022年
生活消费支出	28145.13	30945.55	30486.54	33942	35692
食品烟酒	9000.74	9536.70	9673.03	10612	11145
食品	5951.58	6512.92	6955.31	6796	7133
烟酒	709.41	736.12	706.78	800	869
饮料	207.82	192.12	199.73	267	279
饮食服务	2131.93	2095.55	1811.21	2749	2864
衣着	1554.12	1659.44	1443.50	1741	1769
衣类	1306.24	1438.02	1240.97	1487	1495
鞋类	247.88	221.42	202.53	254	274
居住	7716.27	8954.90	9355.80	10349	10679
租赁房房租	643.84	649.49	655.15	676	722
住房维修及管理	601.93	858.19	695.22	634	996
水、电、燃料及其他	1135.05	1234.33	1331.19	1330	1402
自有住房折算租金	5335.45	6212.89	6674.25	7709	7559
生活用品及服务	1516.21	1556.80	1519.33	1794	1913
家具及室内装饰品	204.22	230.30	226.07	234	285
家用器具	366.83	338.08	356.22	429	481
家用纺织品	100.80	106.19	96.51	127	127
家庭日用杂品	366.42	391.56	393.76	416	432
个人护理用品	347.74	359.57	328.02	465	468
家庭服务	130.20	131.10	118.75	123	121
交通通信	3630.66	3715.12	3755.19	3656	3949
交通	2601.98	2719.49	2736.42	2542	2869
通信	1028.68	995.63	1018.77	1113	1080
教育文化娱乐	2727.62	3066.29	2300.91	3120	3376
教育	1677.40	1991.29	1682.23	2296	2536
文化娱乐	1050.22	1075.00	618.68	823	840
医疗保健	1374.81	1691.54	1773.77	1939	2064
医疗器具及药品	417.33	412.19	431.79	486	515
医疗服务	957.48	1279.35	1341.98	1453	1549
其他用品及服务	624.70	764.75	665.00	731	797
其他用品	305.60	333.25	280.96	316	371
其他服务	319.10	431.50	384.04	415	426

2-19 城镇居民人均生活消费支出构成(2018-2022年)

单位：%

指　　标	2018年	2019年	2020年	2021年	2022年
生活消费支出	100.00	100.00	100.00	100.00	100.00
食品烟酒	31.98	30.82	31.73	31.27	31.22
食品	21.15	21.05	22.81	20.02	19.99
烟酒	2.52	2.38	2.32	2.36	2.43
饮料	0.74	0.62	0.66	0.79	0.78
饮食服务	7.57	6.77	5.94	8.10	8.02
衣着	5.52	5.36	4.73	5.13	4.96
衣类	4.64	4.65	4.07	4.38	4.19
鞋类	0.88	0.72	0.66	0.75	0.77
居住	27.42	28.94	30.69	30.49	29.92
租赁房房租	2.29	2.10	2.15	1.99	2.02
住房维修及管理	2.14	2.77	2.28	1.87	2.79
水、电、燃料及其他	4.03	3.99	4.37	3.92	3.93
自有住房折算租金	18.96	20.08	21.89	22.71	21.18
生活用品及服务	5.39	5.03	4.98	5.28	5.36
家具及室内装饰品	0.73	0.74	0.74	0.69	0.80
家用器具	1.30	1.09	1.17	1.26	1.35
家用纺织品	0.36	0.34	0.32	0.37	0.36
家庭日用杂品	1.30	1.27	1.29	1.22	1.21
个人护理用品	1.24	1.16	1.08	1.37	1.31
家庭服务	0.46	0.42	0.39	0.36	0.34
交通通信	12.90	12.01	12.32	10.77	11.06
交通	9.24	8.79	8.98	7.49	8.04
通信	3.65	3.22	3.34	3.28	3.03
教育文化娱乐	9.69	9.91	7.55	9.19	9.46
教育	5.96	6.43	5.52	6.77	7.10
文化娱乐	3.73	3.47	2.03	2.43	2.35
医疗保健	4.88	5.47	5.82	5.71	5.78
医疗器具及药品	1.48	1.33	1.42	1.43	1.44
医疗服务	3.40	4.13	4.40	4.28	4.34
其他用品及服务	2.22	2.47	2.18	2.15	2.23
其他用品	1.09	1.08	0.92	0.93	1.04
其他服务	1.13	1.39	1.26	1.22	1.19

2-20 城镇居民消费主要食品数量(2018-2022年)

单位：千克

项　　目	2018年	2019年	2020年	2021年	2022年
粮食类	100.16	94.07	98.38	103.75	94.83
谷物	91.28	85.59	89.62	94.80	86.67
薯类	2.00	1.81	1.89	1.73	1.62
豆类	6.88	6.66	6.87	7.21	6.54
食用油	8.68	8.21	8.99	9.84	9.43
食用植物油	7.94	7.60	8.59	9.34	8.94
蔬菜及食用菌	86.16	82.83	85.50	88.59	85.22
鲜菜	82.03	78.95	81.56	84.83	81.90
肉类	34.65	27.95	25.64	34.10	35.12
猪肉	27.97	21.54	19.34	26.42	27.82
牛肉	2.50	2.78	2.76	3.05	3.06
羊肉	0.84	0.77	0.69	0.93	0.92
禽类	10.71	11.67	13.32	12.73	12.03
水产品	26.01	26.74	27.73	28.32	27.06
蛋类	8.80	9.00	10.67	11.12	10.91
奶类	14.47	12.26	13.87	15.79	13.33
鲜瓜果	47.68	44.58	45.72	48.35	44.88

2-21 城镇居民年末主要耐用消费品拥有量(2018-2022年)

单位：平均每百户

指　　标	单位	2018年	2019年	2020年	2021年	2022年
(一)家用汽车	辆	30.91	33.86	36.11	40.14	39.60
(二)摩托车	辆	35.14	35.47	35.54	31.90	32.21
(三)电冰箱(柜)	台	96.07	101.13	102.01	105.25	105.93
(四)洗衣机	台	85.58	91.04	92.82	97.21	97.68
(五)热水器	台	108.72	114.04	117.23	117.14	116.83
(六)空调	台	175.92	193.47	194.11	218.91	220.50
(七)彩色电视机	台	120.74	128.55	128.69	120.79	122.25
(八)照相机	台	15.97	16.63	16.23	12.02	11.78
(九)计算机	台	76.44	77.45	80.26	76.18	77.66
(十)乐器	架	8.48	10.74	10.86	11.11	11.67
(十一)固定电话	部	23.04	20.56	19.31	14.11	12.86
(十二)移动电话	部	245.05	258.65	258.82	261.92	262.15

2-22 农民工监测调查基本情况(2010-2015年)

单位：人

项　　目	2010年	2011年	2012年	2013年	2014年	2015年
调查户数(户)	**1820**	**1820**	**1820**	**2747**	**2713**	**2845**
期末家庭人口	**7695**	**7597**	**7536**	**10699**	**10576**	**10980**
#常住人口	7175	6990	6984	9221	9099	9487
劳动力就业状况	**5203**	**5050**	**4897**	**7722**	**6449**	**6561**
#本地务农	2745	2260	2146	2730	2132	2085
本地非农自营	537	735	689	878	864	908
本地非农务工	1342	1903	1790	2212	2201	2363
外出从业	1466	1408	1338	1902	1884	1798
劳动力主要从事行业	**5203**	**5050**	**4897**	**7722**	**6449**	**6561**
第一产业	2308	1731	1677	2223	1826	1822
第二产业	1358	1471	1451	2557	2130	2174
第三产业	1537	1848	1769	2942	2493	2565
农民工外出从业情况	**1466**	**1408**	**1338**	**1916**	**1884**	**1651**
外出地区	1466	1408	1338	1916	1884	1651
本省	975	1026	981	1345	1332	1188
乡外县内	384	329	323	490	508	461
县外省内	591	697	658	855	824	727
省外	491	382	357	571	552	463
输入地区	1466	1408	1338	1916	1884	1651
东部地区	1342	1258	1179	1693	1671	1469
中部地区	32	36	40	44	41	33
西部地区	46	57	63	107	104	83
其他地区	46	57	56	72	68	66
外出地区类型	1466	1408	1338	1916	1884	1651
直辖市	105	71	71	182	177	144
省会城市	205	214	195	279	249	234
地级市	479	492	483	573	540	481
县级市	381	391	375	583	615	495
建制镇	233	156	155	152	180	142
其他地区	63	84	59	147	123	86
外出方式	1466	1408	1338	1916	1884	1651
政府(单位)组织	60	27	28	39	40	30
中介组织介绍	46	37	38	43	30	31
亲朋好友介绍	797	690	676	752	704	551
自发	536	601	544	964	955	902
其他	27	53	52	118	155	137
外出从事行业	1466	1408	1338	1916	1884	1651
第一产业	28	11	2	38	38	22
第二产业	623	639	583	777	770	686
第三产业	815	758	753	1101	1076	943
本年度从事主要职业	1466	1408	1338	1916	1884	1651
国家机关、党群组织、企业、事业单位负责人	221	211	190	158	44	15
专业技术人员	154	186	151	244	245	300
办事人员和有关人员	65	76	81	209	215	166
商业、服务业人员	439	400	398	577	642	533
农、林、牧、渔、水利业生产人员	23	10	2	50	43	18
生产、运输设备操作人员及有关人员	430	414	419	490	520	432
军人						
不便分类的其他从业人员	134	111	97	188	175	187

2-23 农民工监测调查基本情况(2016-2022年)

单位：人

项　目	2016年	2017年	2018年	2019年	2020年	2021年	2022年
调查户数(户)	**2870**	**2848**	**2800**	**2800**	**2800**	**2800**	**2800**
期末家庭人口	**11153**	**11065**	**11097**	**11016**	**10999**	**10753**	**10682**
#常住人口	9632	9470	9415	9275	9263	9397	9276
农民工就业状况	**4558**	**4458**	**4094**	**4120**	**3943**	**4021**	**4044**
本地非农自营	945	881	648	630	594	756	737
本地非农务工	1957	1892	1606	1626	1524	1737	1733
外出从业	1656	1685	1840	1864	1825	1528	1574
农民工主要从事行业	**4559**	**4459**	**4110**	**4131**	**3943**	**4021**	**4021**
第一产业	11	18	25	30	25	25	23
第二产业	1998	1904	1811	1823	1713	1735	1742
第三产业	2550	2537	2274	2278	2205	2261	2283
农民工外出从业情况	**1656**	**1685**	**1840**	**1864**	**1825**	**1528**	**1574**
外出地区	1656	1685	1840	1864	1825	1528	1574
本省	1203	1235	1362	1388	1389	1215	1279
乡外县内	468	459	591	621	640	558	556
县外省内	735	776	771	767	749	657	723
省外	453	450	478	476	436	313	261
东部地区	289	285	298	295	278	181	174
中部地区	30	37	50	50	35	39	31
西部地区	74	78	75	78	79	54	54
东北地区	5	6	8	8	6	4	2
其他地区	55	44	47	45	38	35	34
外出地区类型	1656	1685	1840	1864	1825	1528	1574
直辖市	165	152	107	113	100	102	89
省会城市	252	269	342	327	289	193	194
地级市	417	439	443	465	467	363	371
县级市	535	553	689	654	639	591	622
建制镇	144	153	191	218	250	197	221
村委会	81	79	22	43	42	47	40
其他地区	62	40	46	44	38	35	37
外出从事行业	1656	1685	1840	1864	1825	1528	1574
第一产业	11	18	25	30	25	24	22
第二产业	633	617	708	732	704	607	607
第三产业	1012	1050	1107	1102	1096	897	945

注：农民工监测调查部分指标调整。

2-24 农民工总量主要指标(2016-2022年)

单位：万人

项　目	2016年	2017年	2018年	2019年	2020年	2021年	2022年
闽籍农民工	**965.1**	**992.8**	**984.7**	**987.2**	**949.4**	**978.4**	**984.5**
本地农民工	467.7	486.6	482.9	472.2	435.5	489.1	491.3
外出农民工	497.4	506.2	501.8	515.0	513.9	489.3	493.2

主要统计指标解释

常住人口 指家庭住户成员中，经常在家居住，或者调查期内居住时间超过一半的人员，以及本住户供养的学生。

季度调查的常住人口包括:

①过去三个月已经居住或未来三个月打算居住时间超过 1.5 个月的住户成员。

②过去三个月内每月至少在调查住宅居住一天以上，且没有在其他自有或独自租借的普通住宅中住过的人。或者说，在外与人合住或住在工棚、集体宿舍、工作地或其他临时性住所、又定期回家居住的人，也是本住户常住人口。

③由本住户供养的在校学生（包括大中专学生和研究生）。

常住人口是住户收支的调查对象。

可支配收入 指调查户在调查期内获得的、可用于最终消费支出和储蓄的总和，即调查户可以用来自由支配的收入。可支配收入既包括现金，也包括实物收入。按照收入的来源，可支配收入包含四项，分别为: 工资性收入、经营净收入、财产净收入和转移净收入。

工资性收入 指就业人员通过各种途径得到的全部劳动报酬和各种福利，包括受雇于单位或个人、从事各种自由职业、兼职和零星劳动得到的全部劳动报酬和福利。

经营净收入 指住户或住户成员从事生产经营活动所获得的净收入，是全部经营收入中扣除经营费用、生产性固定资产折旧和生产税之后得到的净收入。

第一产业净收入 指住户或住户成员从事第一产业生产经营活动所获得的净收入，是全部经营收入中扣除经营费用、生产性固定资产折旧和生产税之后得到的净收入。

第一产业是指农业、林业、牧业和渔业（不含农林牧渔服务业）。

第二产业净收入 指住户或住户成员从事第二产业的生产经营活动所获得的净收入，是全部经营收入中扣除经营费用、生产性固定资产折旧和生产税之后得到的净收入。

第二产业是指采矿业（不含开采辅助活动），制造业（不含金属制品、机械和设备修理业），电力、热力、燃气及水生产和供应业，建筑业。

第三产业净收入 指住户或住户成员从事第三产业生产经营活动所获得的净收入，是全部经营收入中扣除经营费用、生产性固定资产折旧和生产税之后得到的净收入。

第三产业即服务业，是指除第一产业、第二产业以外的其他行业。第三产业包括: 批发和零售业，交通运输、仓储和邮政业，住宿和餐饮业，信息传输、软件和信息技术服务业，金融业，房地产业，租赁和商务服务业，科学研究和技术服务业，水利、环境和公共设施管理业，居民服务、修理和其他服务业，教育，卫生和社会工作，文化、体育和娱乐业，公共管理、社会保障和社会组织，国际组织，以及农、林、牧、渔业中的农、林、牧、渔服务业，采矿业中的开采辅助活动，制造业中的金属制品、机械和设备修理业。

财产净收入 指住户或住户成员将其所拥有的金融资产、住房等非金融资产和自然资源交由其他机构单位、住户或个人支配而获得的回报并扣除相关的费用之后得到的净收入。财产净收入包括利息净收入、红利收入、储蓄性保险净收益、转让承包土地经营权租金净收入、出租房屋净收入、出租其他资产净收入和自有住房折算净租金等。

转移净收入 计算公式为: 转移净收入=转移性收入−转移性支出

转移性收入 指国家、单位、社会团体对住户的各种经常性转移支付和住户之间的经常性收入转移。包括政府、非行政事业单位、社会团体对居民转移的养老金或退休金、社会救济和补助、惠农补贴、政策性生活补贴、救灾款、经常性捐赠和赔偿以及报销医疗费等；住户之间的赡养收入、经常性捐赠和赔偿以及农村地区（村委会）在外（含国外）

工作的本住户非常住成员寄回带回的收入等。

转移性支出 指调查户对国家、单位、住户或个人的经常性或义务性转移支付。包括缴纳的税款、各项社会保障支出、赡养支出、经常性捐赠和赔偿支出以及其他经常转移支出等。

消费支出 指住户用于满足家庭日常生活消费需要的全部支出，包括用于消费品的支出和用于服务性消费的支出。根据用途不同，消费支出可划分为食品烟酒、衣着、居住、生活用品及服务、交通通信、教育文化娱乐、医疗保健、其他用品及服务八大类。根据来源不同，消费支出可划分为现金消费支出、实物消费支出（含自产自用、来自单位、来自政府和其他社会组织)。

生产经营费用 指住户在调查期内从事生产经营活动所投入的费用成本，包括生产经营活动中购买的商品和服务、雇工支出、消耗的自产自用产品等。

恩格尔系数 指食物支出占生活消费总支出的比重。计算公式为：恩格尔系数=食物支出/生活消费总支出×100%。恩格尔系数越大，表示生活越贫困；反之，表示生活越富裕。根据国际经验，恩格尔系数60%以上为贫困，50%-60%为温饱，40%-50%为小康，30%-40%为富裕，30%以下为最富裕。

三　价格调查

资料整理：林龚华　吴培堃　黄景楠

简要说明

一、本篇资料的主要内容

本篇价格指数资料，反映生产、流通、消费与投资等环节的价格变动趋势和变动幅度。主要包括居民消费价格指数、商品零售价格指数、农业生产资料价格指数、农产品生产者价格指数、工业生产者出厂价格指数、工业生产者购进价格指数、固定资产投资价格指数等。

二、本篇的资料来源

价格指数编制由国家统计局福建调查总队组织实施，由抽选出的市、县调查队依据国家统计局统一制定的价格统计调查制度从基层采集原始数据汇总后上报。

三、居民消费、商品零售价格指数

编制居民消费、商品零售价格指数的资料采用抽样调查和重点调查相结合的方法取得，即在全省选择不同经济区域和分布合理的地区，以及有代表性的商品作为样本，对其市场价格进行定期调查，以样本推断总体。截至 2022 年底，参加国家级数据汇总的调查市、县 19 个。编制过程按下列几个步骤进行:

1.选择调查地区和调查点。调查地区按照经济区域和地区分布合理等原则，选出具有代表性的市县作为国家的调查地区，在此基础上选定经营规模大、商品种类多的商场（包括集市和服务网点）作为调查点。

2.选择代表规格品。代表规格品是选择那些消费量大、价格变动有代表性的商品；代表规格品的确定是根据商品零售资料和城乡居民的消费支出记账资料，按照有关规定筛选的。筛选原则:(1)与社会生产和人民生活关系密切；(2)消费（销售）数量（金额）大；(3)市场供应稳定；(4)价格变动趋势有代表性；(5)所选的代表规格品之间差异大。目前，居民消费价格调查按用途划分为 8 大类，268 个基本分类，各调查市县每月调查 600 种以上的规格品价格；商品零售价格按用途划分为 16 个大类，197 个基本分类，各地每月调查 500 种以上的规格品价格。

3.价格调查方式。采用派员直接到调查点登记调查，同时全省聘请辅助调查员协助登记调查。

4.权数的确定。商品零售价格指数的权数主要根据社会商品零售额资料确定；居民消费价格指数的权数主要根据城乡居民家庭消费支出构成确定。

四、工业生产者出厂价格指数

工业生产者价格包括工业企业产品第一次出售时的出厂价格和企业作为中间投入的原材料、燃料、动力购进价格。该项调查采用重点调查与典型调查相结合的调查方法。根据代表性原则，抽选年主营业务收入 2000 万元以上的企业作为调查对象。经国家统计局审定，可酌情补充部分年主营业务收入 2000 万元以下的企业。

1.选择代表企业的原则:(1)按工业行业选择调查企业，调查企业要合理分布，不能遗漏，也不能过于集中；(2) 优先选择大型企业作为调查对象，也可以适当选择一些其他企业，使工业生产者价格指数更加全面地反映客观实际；(3) 选择生产稳定的企业作为调查对象。

2.选择代表产品的原则:(1) 按工业行业选择基本分类和代表产品；(2)选择对国计民生影响大的产品；(3)选择生产较为稳定的产品；(4)选择有发展前景的产品；(5)可以选择具有地方特色的产品。

工业生产者出厂价格统计调查 41 个工业行业大类，207 个工业行业中类，666 个工业行业小类的工业产品。根据我国工业企业产品的实际销售情况，从《统计用产品分类目录》中选定有代表性的工业产品，并将其划分为 1310 个基本分类。

3.价格调查方式。采用企业报表形式，每月 2000 多家工业企业上报数据资料。

4.权数的确定。工业生产者出厂价格统计中，小类及小类以上的权数资料来源于工业统计中分行业销售产值数据资料，基本分类的权数资料来源于独立的工业生产者出厂价格权数专项调查。权数一般五年调整一次。

五、固定资产投资价格指数

固定资产投资价格调查采用重点调查与典型调查相结合的方法。固定资产投资价格调查所涉及的价格是构成固定资产投资额实体的实际购进价格或结算价格。调查的内容包括构成当年建筑工程实体的钢材、木材、水泥、地方材料（如砖、瓦、灰、沙、石等）、化工材料（如油漆等）等主要建筑材料价格；作为活劳动投入的劳动力价格（单位工资）和建筑机械使用费用；设备工器具购置和其他费用投资价格。

固定资产投资价格调查样本的选择遵循以下原则：1.选择建筑安装工程调查点的原则：(1)样本单位应具有一定覆盖面；(2)投资经济活动代表性强；(3)兼顾不同登记注册类型；(4)选择重点工程；(5)兼顾国民经济各门类及不同工程类别。

2.选择其他费用调查点的原则：在选择其他费用调查点时，所遵循的原则与建筑安装工程调查点的原则基本相同，特别是要注意选择那些投资额大的工程。但由于其他费用不易取得，所以在实际操作过程中，应同时在建设单位、施工单位开展重点调查，并辅以典型调查（从管理部门取得资料）。

六、农产品生产者价格指数

农产品生产者价格是农产品生产者直接出售其产品时实际获得的单位产品价格。农产品生产者价格调查采用抽样调查和重点调查相结合的方法。内容包括被调查单位生产并出售的主要农产品。农产品代表产品的选择涵盖农、林、牧、渔四大类、各中类以及 90%以上的小类，一般是生产量和销售量大的对国计民生影响大、稳定性强的产品，具有发展前景的新产品和具有地方特色的产品。代表品一般稳定五年。调查周期为季度。

3-1 各种价格总指数(1978-2022年)

(上年=100)

年 份	居民消费价格总指数	城市	农村	服务项目价格指数	商品零售价格指数
1978	100.2	100.4	100.1	99.1	100.3
1979	102.8	102.7	102.9	99.5	103.0
1980	105.3	106.3	104.6	102.5	105.6
1981	102.7	104.0	101.9	102.1	103.6
1982	103.4	103.1	103.6	100.9	103.6
1983	101.3	102.0	100.9	106.0	101.3
1984	102.1	102.8	101.1	108.2	101.6
1985	111.3	114.0	107.5	110.1	111.4
1986	106.5	106.9	105.4	108.5	106.3
1987	109.4	110.6	107.9	106.1	109.7
1988	126.5	127.0	126.0	119.5	127.4
1989	118.9	118.8	118.9	122.0	118.6
1990	99.3	100.1	98.6	105.7	98.6
1991	103.5	104.6	102.4	105.2	103.3
1992	105.9	108.0	104.1	105.7	105.5
1993	115.4	116.8	114.2	126.7	113.8
1994	125.3	125.1	125.5	124.1	123.0
1995	115.2	116.4	114.4	118.2	114.4
1996	105.9	106.9	105.4	108.5	104.5
1997	101.7	102.5	101.3	119.0	99.8
1998	99.7	100.0	99.5	105.3	98.5
1999	99.1	98.7	99.2	123.4	96.5
2000	102.1	103.2	101.3	129.9	98.9
2001	98.7	98.3	99.3	102.7	98.0
2002	99.5	99.2	99.8	102.7	98.3
2003	100.8	100.7	101.0	103.2	99.1
2004	104.0	103.8	104.3	102.4	102.7
2005	102.2	101.9	102.8	104.0	100.6
2006	100.8	101.1	100.3	99.5	100.5
2007	105.2	105.1	105.4	101.9	104.3
2008	104.6	104.5	104.6	97.0	105.7
2009	98.2	98.3	97.9	99.1	97.9
2010	103.2	103.1	103.4	101.2	103.4
2011	105.3	105.2	105.3	103.2	104.8
2012	102.4	102.4	102.4	100.9	101.8
2013	102.5	102.6	102.3	102.9	101.1
2014	102.0	102.1	101.9	102.3	101.1
2015	101.7	101.7	101.7	103.2	99.9
2016	101.7	101.8	101.5	101.6	100.7
2017	101.2	101.3	100.8	102.6	100.6
2018	101.5	101.5	101.5	101.6	101.5
2019	102.6	102.6	102.7	100.8	101.9
2020	102.2	102.2	102.1	100.3	101.3
2021	100.7	100.8	100.3	101.0	101.1
2022	101.9	101.9	101.8	100.7	102.7

3-2 居民消费价格八大类指数(1978-2015年)

(上年=100)

年 份	总指数	食品类	烟 酒 及用品	衣着	家庭设备 用品及 维修服务	医疗保健 和个人 用品	交通和 通 信	娱乐教育 文化用品 及服务	居住
1978	100.2	100.5	100.0	100.0	100.2	100.4		100.2	
1980	105.3	108.8	100.3	99.9	101.0	101.5	100.7	101.3	100.1
1994	125.3	133.4	111.5	120.3	111.2	119.0	109.5	114.4	120.1
1995	115.2	121.6	98.9	115.8	108.8	111.4	103.0	110.7	110.7
1996	105.9	105.5	104.4	105.4	102.9	107.8	104.4	107.1	113.1
1997	101.7	98.4	102.7	101.2	101.1	105.1	113.4	106.2	109.5
1998	99.7	98.0	102.5	100.3	99.7	102.2	99.8	99.7	104.5
1999	99.1	95.1	99.6	96.8	99.6	102.5	98.1	111.8	104.1
2000	102.1	98.4	100.8	98.5	98.7	107.9	96.4	120.6	106.7
2001	98.7	97.6	100.5	96.5	97.6	102.5	97.2	100.6	99.9
2002	99.5	99.7	100.3	97.2	97.2	98.7	97.8	103.0	99.3
2003	100.8	102.0	100.4	96.5	97.3	98.7	97.3	104.3	102.8
2004	104.0	109.9	101.1	97.6	98.6	97.7	97.6	103.5	104.2
2005	102.2	103.7	99.8	97.1	99.6	98.8	97.7	104.7	106.8
2006	100.8	102.0	100.6	97.3	100.9	99.7	99.3	97.2	105.5
2007	105.2	112.2	101.0	100.6	101.6	102.7	100.0	99.1	104.2
2008	104.6	113.3	102.9	94.8	103.2	102.8	98.6	92.9	105.5
2009	98.2	99.0	102.1	96.3	100.3	101.3	96.9	98.3	94.8
2010	103.2	107.8	101.4	95.7	99.2	103.1	99.5	100.2	105.4
2011	105.3	111.2	102.8	101.7	101.7	103.8	100.9	99.6	105.6
2012	102.4	104.6	102.4	105.0	101.7	102.3	100.1	98.8	101.6
2013	102.5	104.0	99.7	101.9	100.4	101.4	99.8	101.9	103.3
2014	102.0	103.3	99.2	102.6	100.4	100.7	100.2	101.7	102.3
2015	101.7	102.3	102.3	102.9	100.8	104.5	98.3	101.2	101.3

注：本表按2001年全国价格调查统计制度分类标准进行分类。

3-3 居民消费价格八大类指数(2016-2022年)

(上年=100)

年 份	总指数	食品烟酒	衣着	居住	生活用品 及服务	交通通信	教育文化 娱 乐	医疗保健	其他用品 及服务
2016	101.7	103.9	100.3	100.7	99.8	99.4	101.2	102.9	102.5
2017	101.2	99.0	100.6	102.4	101.2	100.9	102.3	103.0	107.4
2018	101.5	101.7	99.6	101.9	100.9	101.2	102.1	102.1	100.5
2019	102.6	107.3	102.7	100.5	100.6	97.8	101.4	101.4	103.1
2020	102.2	107.0	99.9	100.0	100.6	97.0	101.2	100.2	103.7
2021	100.7	98.9	101.5	101.3	100.7	103.7	102.0	100.0	96.3
2022	101.9	102.4	100.0	100.9	101.3	104.9	101.4	100.3	101.5

注：本表按国家统计局2020年11月制定的《流通和消费价格统计报表制度》进行分类。

3-4 城市居民消费价格八大类指数(1978-2015年)

(上年=100)

年份	总指数	食品类	烟酒及用品	衣着	家庭设备用品及维修服务	医疗保健和个人用品	交通和通信	娱乐教育文化用品及服务	居住
1978	100.4	100.8	100.0	100.0	100.1	100.3		100.0	
1980	106.3	109.0	100.5	99.8	101.1	102.1	100.7	101.2	100.1
1994	125.1	134.0	111.5	119.9	111.9	118.6	104.9	117.5	120.6
1995	116.4	122.2	100.3	118.6	108.5	112.4	102.0	113.4	108.6
1996	106.9	105.7	102.1	107.5	103.3	109.5	105.1	109.7	114.7
1997	102.5	98.3	102.7	103.6	100.9	104.4	113.0	104.6	111.3
1998	100.0	98.0	100.9	101.1	98.9	102.6	101.2	99.9	107.5
1999	98.7	95.3	99.5	94.3	99.4	100.6	98.0	111.2	105.5
2000	103.2	98.7	98.6	97.8	100.0	112.8	96.9	115.1	107.5
2001	98.3	96.9	101.9	93.7	97.6	101.4	97.9	100.9	100.4
2002	99.2	99.2	100.9	96.8	97.6	98.3	97.9	103.7	98.9
2003	100.7	101.8	100.2	95.8	96.7	97.3	96.5	104.6	104.6
2004	103.8	109.8	101.0	97.6	98.2	96.9	96.7	103.0	103.6
2005	101.9	103.7	99.6	96.3	99.2	98.6	96.9	103.8	106.2
2006	101.1	101.8	101.1	96.0	100.5	99.7	99.0	100.5	106.7
2007	105.1	111.4	101.7	102.4	100.6	103.1	99.3	98.2	104.7
2008	104.5	113.9	103.4	94.6	102.9	102.8	98.0	91.4	104.8
2009	98.3	99.5	102.3	96.6	100.8	101.7	96.6	98.0	94.6
2010	103.1	107.9	101.6	95.6	99.0	103.2	99.2	100.2	104.9
2011	105.2	111.3	102.5	102.1	101.9	103.5	100.7	100.0	105.3
2012	102.4	104.6	102.5	105.1	102.1	101.7	99.8	98.7	102.0
2013	102.6	104.1	99.9	101.9	100.8	101.1	99.6	101.8	103.9
2014	102.1	103.2	99.0	102.9	100.5	100.7	100.3	101.7	102.5
2015	101.7	102.2	102.4	102.8	101.1	103.9	98.4	101.3	101.6

注：本表按2001年全国价格调查统计制度分类标准进行分类。

3-5 城市居民消费价格八大类指数(2016-2022年)

(上年=100)

年份	总指数	食品烟酒	衣着	居住	生活用品及服务	交通通信	教育文化娱乐	医疗保健	其他用品及服务
2016	101.8	104.0	100.1	100.9	99.7	99.4	101.1	103.6	102.6
2017	101.3	99.2	100.4	102.7	101.2	100.8	102.4	103.1	107.1
2018	101.5	101.9	99.1	101.9	100.9	101.0	102.1	102.1	100.4
2019	102.6	107.2	103.2	100.4	100.7	97.8	101.3	101.6	103.0
2020	102.2	107.0	99.7	100.3	100.8	96.9	101.2	100.0	103.7
2021	100.8	99.0	102.1	101.4	100.8	103.6	102.1	99.9	96.1
2022	101.9	102.5	100.3	100.8	101.4	104.8	101.3	100.2	101.4

注：本表按国家统计局2020年11月制定的《流通和消费价格统计报表制度》进行分类。

3-6 农村居民消费价格八大类指数(1978-2015年)

(上年=100)

年 份	总指数	食品类	烟酒及用品	衣着	家庭设备用品及维修服务	医疗保健和个人用品	交通和通信	娱乐教育文化用品及服务	居住
1978	100.1	100.1	100.0	100.0	100.2	100.5		100.4	
1980	104.6	108.5	100.2	99.9	100.9	101.4	100.7	101.5	100.1
1994	125.5	132.9	111.6	120.4	110.7	119.1	115.1	112.2	120.1
1995	114.4	121.2	98.1	113.5	109.0	110.8	103.6	108.9	112.9
1996	105.4	105.4	105.3	104.5	102.8	107.1	103.9	105.4	112.1
1997	101.3	98.8	103.4	100.0	101.4	105.2	113.6	106.4	107.9
1998	99.5	98.1	103.4	99.9	100.1	102.0	99.4	99.6	102.7
1999	99.2	94.3	99.6	97.9	99.7	103.4	102.0	112.3	102.9
2000	101.3	98.1	101.5	98.8	98.2	107.8	95.4	121.8	106.0
2001	99.3	98.6	99.3	100.5	97.6	103.6	96.4	100.3	99.4
2002	99.8	100.4	99.8	97.8	96.5	99.1	97.5	102.3	99.8
2003	101.0	102.2	100.7	97.3	98.0	100.1	98.3	104.0	100.9
2004	104.3	110.1	101.2	97.5	99.3	98.7	98.9	104.3	104.8
2005	102.8	103.7	100.1	98.2	100.3	99.0	98.7	105.9	107.5
2006	100.3	102.4	100.2	99.5	101.5	99.7	99.8	92.6	103.8
2007	105.4	113.6	100.4	97.9	103.1	102.2	101.0	100.4	103.4
2008	104.6	112.0	102.1	95.0	103.4	102.7	99.5	95.8	106.9
2009	97.9	98.0	101.9	95.7	99.1	100.6	97.6	99.0	95.1
2010	103.4	107.5	101.0	95.7	99.9	103.0	100.3	100.4	106.9
2011	105.3	111.0	103.5	100.4	101.0	104.5	101.6	98.7	106.3
2012	102.4	104.7	102.3	104.6	100.4	104.1	100.8	98.8	100.8
2013	102.3	104.0	99.3	102.0	99.4	102.4	100.2	102.3	101.8
2014	101.9	103.5	99.6	101.7	100.0	100.7	100.2	101.7	101.7
2015	101.7	102.6	102.1	103.1	100.0	106.3	97.8	100.9	100.6

注：本表按2001年全国价格调查统计制度分类标准进行分类。

3-7 农村居民消费价格八大类指数(2016-2022年)

(上年=100)

年 份	总指数	食品烟酒	衣着	居住	生活用品及服务	交通通信	教育文化娱乐	医疗保健	其他用品及服务
2016	101.5	103.6	101.1	99.9	100.2	99.5	101.4	101.1	102.2
2017	100.8	98.5	101.2	101.3	101.1	101.4	101.8	102.7	108.6
2018	101.5	101.1	101.1	101.9	101.0	101.6	102.2	101.9	100.7
2019	102.7	107.6	101.1	100.6	100.4	97.7	101.8	100.8	103.6
2020	102.1	107.2	100.4	99.0	99.8	97.2	101.1	100.7	103.9
2021	100.3	98.5	99.3	100.8	100.4	104.0	101.5	100.2	97.0
2022	101.8	102.1	98.6	101.3	100.9	105.3	101.6	100.6	101.9

注：本表按国家统计局2020年11月制定的《流通和消费价格统计报表制度》进行分类。

3-8 居民消费价格分类指数(2022年)

(上年=100)

项 目	全省	城市	农村
居民消费价格总指数	101.9	101.9	101.8
非食品烟酒价格指数	101.6	101.6	101.7
服务价格指数	100.7	100.7	100.5
工业品价格指数	102.9	102.8	103.2
消费品价格指数	102.6	102.6	102.6
一、食品烟酒	102.4	102.5	102.1
1.食品	103.2	103.3	102.7
(1)粮食	100.4	100.4	100.3
(2)薯类	110.8	111.3	109.4
(3)豆类	103.3	103.0	104.1
(4)食用油	106.0	106.1	105.6
(5)菜及食用菌	103.4	103.2	103.9
(6)畜肉类	94.6	94.8	94.1
(7)禽肉类	106.6	106.7	106.4
(8)水产品	105.5	105.1	106.7
(9)蛋类	107.9	108.2	107.2
(10)奶类	101.0	101.2	100.4
(11)干鲜瓜果类	112.3	112.9	110.1
(12)糖果糕点类	103.4	103.5	102.9
(13)调味品	103.7	103.9	103.2
(14)其他食品类	103.9	103.9	103.9
2.茶及饮料	101.7	101.9	101.2
3.烟酒	100.6	100.6	100.7
(1)卷烟	100.8	100.6	101.1
(2)酒类	100.3	100.5	99.8
4.在外餐饮	100.9	101.0	100.2
二、衣着	100.0	100.3	98.6
1.服装	99.5	99.7	98.5
2.鞋类	102.2	103.1	99.1
三、居住	100.9	100.8	101.3
1.租赁房房租	99.9	99.9	100.1
2.住房保养维修及管理	102.8	103.1	101.9
3.水电燃料	103.4	102.8	105.1
4.自有住房	99.9	99.9	99.7
四、生活用品及服务	101.3	101.4	100.9
1.家具及室内装饰品	100.5	100.3	101.5
2.家用器具	101.3	101.5	100.8
3.家用纺织品	99.9	100.0	99.4
4.家庭日用杂品	100.6	100.7	100.0
5.个人护理用品	101.6	101.4	102.7
6.家庭服务	104.8	105.2	102.6
五、交通通信	104.9	104.8	105.3
1.交通	106.8	106.6	108.0
2.通信	99.6	99.8	99.1
六、教育文化娱乐	101.4	101.3	101.6
1.教育	101.7	101.6	101.8
2.文化娱乐	100.8	100.9	100.8
七、医疗保健	100.3	100.2	100.6
1.药品及医疗器具	101.2	100.8	102.4
2.医疗服务	99.9	100.0	99.9
八、其他用品及服务	101.5	101.4	101.9
1.其他用品	102.3	102.2	102.4
2.其他服务	100.7	100.6	101.2

注：本表按国家统计局2020年11月制定的《流通和消费价格统计报表制度》进行分类。

3-9 居民消费价格指数(2022年)

(上年同月=100)

项　目	1月	2月	3月	4月	5月	6月	7月	8月	9月	10月	11月	12月
居民消费价格总指数	100.4	100.8	101.2	101.8	101.8	102.6	102.9	102.4	102.6	102.1	101.6	102.1
非食品烟酒价格指数	102.1	102.2	102.4	102.1	101.9	102.5	101.9	101.4	101.1	100.7	100.6	100.8
服务价格指数	101.7	101.4	101.3	100.6	100.4	100.9	100.4	100.3	100.1	100.0	100.2	100.5
工业品价格指数	102.6	103.2	103.8	104.0	103.8	104.5	103.7	102.9	102.4	101.5	101.2	101.2
消费品价格指数	99.6	100.4	101.1	102.5	102.7	103.7	104.5	103.7	104.2	103.5	102.6	103.1
一、食品烟酒	96.5	97.7	98.4	101.0	101.6	102.8	105.4	104.6	106.1	105.8	104.1	105.2
1.食品	94.4	96.0	97.3	101.3	102.3	104.0	108.2	106.6	108.7	108.3	105.6	107.1
(1)粮食	100.0	99.8	99.1	100.9	100.7	100.4	100.8	100.5	100.2	100.4	101.0	100.6
(2)薯类	94.7	93.3	96.6	114.9	119.7	116.1	118.6	119.5	117.6	115.0	114.4	114.6
(3)豆类	104.3	103.8	102.6	102.7	103.3	103.2	103.3	103.8	103.7	103.3	103.0	102.6
(4)食用油	104.1	102.8	102.4	101.7	103.5	105.8	108.4	109.3	109.4	109.3	108.1	106.9
(5)菜及食用菌	86.7	107.9	113.2	123.4	114.1	106.4	114.9	103.1	106.9	91.4	81.1	104.4
(6)畜肉类	72.8	71.0	72.5	78.2	85.1	92.9	108.3	109.8	116.1	127.3	120.9	111.7
(7)禽肉类	101.2	98.8	98.5	100.2	103.0	105.8	109.3	111.4	112.3	113.6	113.8	112.4
(8)水产品	108.3	104.9	105.7	106.2	103.3	103.5	103.6	104.3	106.4	106.9	106.9	105.7
(9)蛋类	99.1	103.2	106.7	114.2	111.6	108.3	105.7	101.4	107.2	113.4	112.4	112.0
(10)奶类	101.1	101.0	100.1	100.4	101.2	101.7	101.3	100.3	101.7	101.7	101.1	100.7
(11)干鲜瓜果类	104.2	103.6	101.6	108.1	115.0	121.0	122.2	118.1	116.8	114.7	112.3	111.8
(12)糖果糕点类	103.1	102.9	103.5	103.6	103.5	104.1	104.0	102.8	103.4	102.3	103.4	103.9
(13)调味品	101.3	101.2	103.7	103.6	104.3	104.9	105.1	103.6	103.8	103.7	104.3	105.0
(14)其他食品类	101.3	101.9	104.6	105.1	105.1	106.1	104.1	103.3	104.0	103.1	104.4	104.3
2.茶及饮料	101.1	101.4	102.0	101.7	101.7	102.5	101.9	102.2	101.6	101.4	101.8	101.4
3.烟酒	100.3	100.8	100.5	100.7	100.6	100.5	100.2	101.0	100.9	100.6	100.6	100.7
(1)卷烟	100.5	100.7	100.7	100.7	100.6	100.5	100.4	100.7	101.0	101.0	101.0	101.2
(2)酒类	99.7	100.9	100.0	100.6	100.7	100.6	99.9	101.7	100.8	99.6	99.5	99.5
4.在外餐饮	100.9	100.9	100.6	100.3	100.1	100.4	100.4	100.8	101.3	101.3	101.6	101.9
二、衣着	100.0	100.6	100.7	100.3	99.9	100.0	100.4	100.1	99.7	99.3	98.8	99.7
1.服装	99.5	99.9	100.1	99.5	99.1	99.4	100.0	99.6	99.3	99.2	98.6	99.6
2.鞋类	102.1	103.8	103.6	104.2	103.8	103.0	102.4	102.4	101.5	100.2	99.8	100.3
三、居住	101.7	101.9	101.9	101.5	101.3	101.2	101.0	100.7	100.2	99.8	99.7	100.1
1.租赁房房租	100.8	101.1	100.7	100.4	100.3	100.1	99.9	99.3	99.1	99.0	99.0	99.6
2.住房保养维修及管理	104.2	104.5	104.7	103.5	103.2	103.5	103.4	103.3	101.9	100.7	100.6	100.2
3.水电燃料	103.4	103.3	104.8	104.5	104.4	104.1	103.9	103.5	103.0	102.2	101.8	101.9
4.自有住房	100.8	101.0	100.6	100.3	100.1	99.9	99.8	99.4	99.1	98.9	98.9	99.5
四、生活用品及服务	101.1	100.3	101.2	101.4	101.5	101.4	101.5	101.5	101.3	101.2	101.4	101.4
1.家具及室内装饰品	101.7	101.5	101.4	100.9	100.5	100.4	101.0	100.2	100.2	100.0	99.7	99.3
2.家用器具	101.9	102.5	102.3	102.2	101.6	101.1	101.5	101.3	100.9	101.0	99.9	99.7
3.家用纺织品	99.8	100.3	100.0	100.0	99.9	99.6	99.5	99.6	99.9	99.7	99.6	100.6
4.家庭日用杂品	99.5	99.4	99.7	100.5	100.5	100.6	100.2	101.0	100.3	100.4	102.1	102.5
5.个人护理用品	97.6	98.7	99.6	100.9	102.4	102.9	102.7	102.1	103.1	102.6	103.8	103.4
6.家庭服务	108.2	97.5	105.4	104.7	104.8	105.9	106.2	106.3	105.3	105.1	104.7	104.4
五、交通通信	105.6	106.1	106.1	106.3	106.2	108.9	106.4	104.4	104.1	102.1	101.8	101.4
1.交通	107.8	108.7	108.5	108.8	108.7	112.4	108.8	106.2	105.7	102.8	102.5	101.8
2.通信	99.6	99.3	99.7	99.3	99.3	99.2	99.5	99.6	99.7	100.1	100.0	100.5
六、教育文化娱乐	102.2	101.9	101.9	101.1	100.9	101.5	100.6	100.8	101.0	101.1	101.8	102.0
1.教育	102.2	102.2	101.8	101.5	101.5	101.5	101.3	101.4	101.4	101.4	102.0	101.9
2.文化娱乐	102.0	101.4	101.9	100.4	99.8	101.5	99.3	99.7	100.4	100.6	101.3	102.1
七、医疗保健	100.3	100.3	100.3	100.3	100.2	100.2	100.2	100.3	100.4	100.4	100.5	100.5
1.药品及医疗器具	100.8	100.8	100.9	101.0	101.1	101.0	101.1	101.3	101.5	101.6	101.5	101.6
2.医疗服务	100.1	100.0	100.0	100.0	99.9	99.9	99.8	99.8	99.9	99.9	100.0	100.0
八、其他用品及服务	100.4	99.7	102.2	101.5	100.9	101.2	100.7	102.3	101.3	102.3	102.5	102.9
1.其他用品	97.0	99.4	103.0	102.3	102.8	102.7	101.0	103.9	102.0	103.6	104.2	105.3
2.其他服务	103.9	100.1	101.2	100.6	98.9	99.7	100.4	100.7	100.6	100.9	100.8	100.3

注：本表按国家统计局2020年11月制定的《流通和消费价格统计报表制度》进行分类。

3-10 城市居民消费价格指数(2022年)

(上年同月=100)

项　　目	1月	2月	3月	4月	5月	6月	7月	8月	9月	10月	11月	12月
居民消费价格总指数	100.6	101.0	101.3	101.8	101.8	102.6	102.9	102.3	102.5	102.0	101.5	102.1
非食品烟酒价格指数	102.2	102.3	102.4	102.1	101.9	102.5	101.8	101.4	101.0	100.6	100.5	100.8
服务价格指数	101.9	101.6	101.5	100.7	100.5	101.0	100.4	100.2	100.0	99.9	100.1	100.6
工业品价格指数	102.7	103.2	103.7	103.9	103.7	104.4	103.6	102.9	102.4	101.4	101.1	101.1
消费品价格指数	99.7	100.6	101.2	102.6	102.8	103.7	104.5	103.7	104.1	103.4	102.5	103.1
一、食品烟酒	96.7	97.9	98.6	101.3	101.8	103.0	105.5	104.6	106.0	105.6	104.0	105.2
1.食品	94.6	96.3	97.5	101.7	102.5	104.2	108.3	106.6	108.7	108.1	105.4	107.3
(1)粮食	100.3	100.2	98.2	100.6	100.3	100.0	100.5	100.5	100.4	101.1	101.2	101.2
(2)薯类	93.9	93.0	96.9	116.3	121.1	116.7	119.9	120.9	118.6	115.1	114.8	114.5
(3)豆类	104.1	103.3	101.8	102.0	103.1	102.7	102.8	103.6	103.9	103.7	103.1	102.4
(4)食用油	104.7	103.6	103.1	102.4	104.2	105.6	107.9	109.5	109.6	109.0	107.5	106.4
(5)菜及食用菌	87.3	107.8	113.5	123.8	114.0	106.2	115.1	103.0	107.1	90.7	80.5	103.5
(6)畜肉类	73.3	71.7	73.0	78.8	85.3	92.9	108.3	109.4	115.3	126.6	120.6	111.8
(7)禽肉类	100.0	97.7	98.2	100.5	103.5	106.4	109.4	111.2	112.5	114.1	114.5	113.3
(8)水产品	107.9	104.1	105.1	105.7	102.9	103.3	103.4	103.8	105.9	106.6	107.1	106.1
(9)蛋类	99.1	103.6	106.5	114.2	112.0	109.1	105.7	101.8	107.3	113.4	113.0	112.4
(10)奶类	101.3	101.4	100.2	100.7	101.2	102.0	101.3	100.7	102.1	101.7	101.1	100.5
(11)干鲜瓜果类	103.9	103.6	101.5	108.4	115.6	122.5	123.2	118.7	117.2	115.9	113.1	112.6
(12)糖果糕点类	103.7	103.3	104.0	103.9	103.4	104.2	104.4	103.2	103.7	101.7	103.2	103.5
(13)调味品	101.0	101.0	104.4	103.9	104.9	105.3	105.4	103.7	103.8	103.6	104.4	105.1
(14)其他食品类	101.4	102.2	104.9	105.3	105.2	106.3	104.3	103.1	104.2	102.5	103.7	104.2
2.茶及饮料	101.0	101.5	102.3	101.7	101.9	102.7	102.0	102.3	101.8	101.4	102.3	101.6
3.烟酒	100.2	100.7	100.4	100.5	100.6	100.5	100.3	101.0	101.0	100.4	100.5	100.7
(1)卷烟	100.3	100.4	100.4	100.4	100.4	100.4	100.3	100.5	101.0	101.0	101.0	101.3
(2)酒类	100.1	101.2	100.2	100.7	100.9	100.8	100.3	102.0	101.0	99.3	99.6	99.5
4.在外餐饮	100.9	101.1	100.8	100.4	100.2	100.6	100.5	100.9	101.4	101.4	101.6	102.0
二、衣着	100.6	101.2	101.3	100.8	100.4	100.4	100.7	100.4	100.0	99.4	98.7	99.7
1.服装	100.1	100.3	100.6	99.9	99.4	99.7	100.3	99.8	99.5	99.2	98.5	99.4
2.鞋类	103.0	105.4	105.0	105.5	105.2	103.9	103.2	103.4	102.3	100.3	99.9	100.7
三、居住	101.7	102.0	101.9	101.5	101.2	101.1	100.9	100.5	99.9	99.6	99.5	100.0
1.租赁房房租	101.0	101.2	100.8	100.5	100.3	100.2	99.9	99.2	98.9	98.8	98.8	99.5
2.住房保养维修及管理	104.5	104.9	105.2	103.8	103.5	103.8	103.6	103.5	102.0	101.1	100.8	100.3
3.水电燃料	103.0	102.8	103.9	103.6	103.4	103.2	103.2	103.0	102.6	102.2	101.7	101.8
4.自有住房	101.0	101.2	100.8	100.5	100.3	100.1	99.8	99.4	98.9	98.7	98.6	99.5
四、生活用品及服务	101.1	100.2	101.2	101.5	101.5	101.5	101.7	101.7	101.4	101.4	101.6	101.6
1.家具及室内装饰品	100.7	100.5	100.9	100.6	100.3	100.2	101.2	100.1	100.0	100.0	99.7	99.1
2.家用器具	102.2	102.6	102.4	102.3	101.8	101.3	101.6	101.5	101.1	101.2	100.0	99.9
3.家用纺织品	100.2	100.8	100.5	100.1	100.1	99.6	99.5	99.5	99.9	99.8	99.5	100.7
4.家庭日用杂品	99.8	99.6	99.9	100.7	100.7	100.6	100.4	101.2	100.4	100.5	102.4	102.8
5.个人护理用品	97.7	98.7	99.5	100.8	102.2	102.5	102.4	101.9	102.7	102.2	103.4	103.1
6.家庭服务	108.2	97.0	105.8	105.0	105.1	106.4	106.8	106.9	105.9	105.8	105.4	105.0
五、交通通信	105.6	106.2	106.0	106.1	106.0	108.8	106.3	104.4	104.0	102.0	101.7	101.3
1.交通	107.6	108.5	108.2	108.4	108.3	112.0	108.5	105.9	105.4	102.6	102.3	101.6
2.通信	99.9	99.6	99.9	99.5	99.5	99.4	99.7	99.7	99.7	100.2	100.0	100.4
六、教育文化娱乐	102.3	101.9	101.9	101.0	100.7	101.4	100.4	100.7	100.9	101.1	101.9	102.1
1.教育	102.3	102.2	101.8	101.3	101.3	101.3	101.1	101.3	101.2	101.4	102.2	102.1
2.文化娱乐	102.2	101.5	102.0	100.3	99.7	101.5	99.1	99.6	100.3	100.6	101.4	102.2
七、医疗保健	100.3	100.2	100.2	100.3	100.2	100.2	100.1	100.2	100.3	100.3	100.3	100.3
1.药品及医疗器具	100.6	100.5	100.5	100.6	100.7	100.7	100.8	101.1	101.2	101.2	101.0	100.9
2.医疗服务	100.1	100.1	100.1	100.1	99.9	99.9	99.8	99.8	99.9	99.9	100.0	100.0
八、其他用品及服务	100.3	99.8	102.2	101.3	100.4	100.9	100.6	102.3	101.3	102.3	102.5	102.9
1.其他用品	96.9	99.2	103.2	102.1	102.4	102.4	100.9	104.1	102.0	103.7	104.4	105.7
2.其他服务	103.7	100.3	101.3	100.5	98.5	99.5	100.3	100.6	100.5	100.9	100.7	100.2

注：本表按国家统计局2020年11月制定的《流通和消费价格统计报表制度》进行分类。

3-11 农村居民消费价格指数(2022年)

(上年同月=100)

项　目	1月	2月	3月	4月	5月	6月	7月	8月	9月	10月	11月	12月
居民消费价格总指数	99.8	100.2	100.8	101.5	101.8	102.4	103.0	102.6	102.9	102.6	102.0	102.2
非食品烟酒价格指数	101.7	101.9	102.2	102.2	102.1	102.6	102.1	101.7	101.5	101.0	101.0	101.0
服务价格指数	100.9	100.6	100.6	100.3	100.2	100.5	100.4	100.4	100.5	100.5	100.4	100.5
工业品价格指数	102.5	103.3	104.1	104.4	104.3	105.0	104.0	103.1	102.7	101.6	101.5	101.7
消费品价格指数	99.1	100.0	100.9	102.3	102.7	103.6	104.6	104.0	104.4	103.9	103.0	103.3
一、食品烟酒	95.7	96.7	97.7	100.0	101.0	102.1	105.2	104.9	106.3	106.4	104.5	104.9
1.食品	93.7	95.1	96.5	99.8	101.5	103.0	107.6	106.8	108.8	108.9	106.1	106.6
(1)粮食	99.1	98.7	101.3	101.7	101.8	101.6	101.8	100.4	99.6	98.8	100.3	99.0
(2)薯类	97.4	94.4	95.8	110.4	115.2	114.3	114.5	115.3	114.5	114.8	113.3	115.0
(3)豆类	105.0	105.3	104.9	104.5	104.0	104.7	104.8	104.2	103.3	102.2	102.8	103.2
(4)食用油	102.8	101.1	101.0	100.0	101.8	106.4	109.5	109.0	108.9	110.0	109.5	108.0
(5)菜及食用菌	84.6	108.1	112.1	121.6	114.7	107.1	114.0	103.7	106.1	94.0	83.9	108.3
(6)畜肉类	71.1	68.9	71.0	76.3	84.3	92.6	108.1	111.0	118.5	129.2	122.2	111.1
(7)禽肉类	105.3	102.5	99.4	99.4	101.3	103.7	108.9	111.8	111.5	112.1	111.6	109.8
(8)水产品	109.8	108.2	108.2	108.2	105.0	104.3	104.5	106.4	108.3	108.0	106.0	104.5
(9)蛋类	99.1	101.9	107.5	114.2	110.1	105.9	105.9	100.2	106.6	113.4	110.7	110.8
(10)奶类	100.0	99.6	99.7	99.6	101.5	100.5	101.2	98.8	100.0	101.5	101.3	101.6
(11)干鲜瓜果类	105.4	103.5	101.7	106.9	112.5	115.1	118.5	115.9	115.1	110.1	108.8	108.6
(12)糖果糕点类	101.3	101.5	101.6	102.8	103.8	103.5	102.6	101.6	102.6	104.1	104.2	105.0
(13)调味品	101.9	101.8	101.9	102.7	102.5	103.9	104.1	103.4	103.8	104.0	104.1	104.8
(14)其他食品类	101.2	100.9	103.4	104.7	104.7	105.2	103.3	103.6	103.1	105.1	106.6	104.6
2.茶及饮料	101.5	101.2	101.4	101.9	100.9	101.6	101.3	101.9	100.9	101.3	100.4	100.7
3.烟酒	100.5	101.0	100.8	101.1	100.7	100.5	100.1	100.9	100.9	100.9	100.6	100.7
(1)卷烟	101.2	101.3	101.3	101.3	101.0	100.7	100.6	101.0	101.0	101.0	101.1	101.2
(2)酒类	98.7	100.2	99.4	100.4	100.0	99.8	98.9	100.5	100.4	100.5	99.2	99.4
4.在外餐饮	100.3	99.9	99.5	99.5	99.4	99.7	99.8	100.3	100.6	100.9	101.4	101.6
二、衣着	97.4	98.3	98.5	98.4	98.0	98.4	98.9	98.5	98.4	99.1	98.9	99.9
1.服装	97.1	98.3	98.5	98.2	97.8	98.1	98.8	98.4	98.4	98.9	98.9	100.2
2.鞋类	99.0	98.4	98.3	99.6	99.0	99.6	99.7	98.9	98.9	99.6	99.1	98.6
三、居住	101.5	101.5	102.0	101.6	101.6	101.5	101.5	101.4	101.1	100.5	100.5	100.5
1.租赁房房租	99.8	100.3	100.1	99.9	99.8	99.8	100.2	100.3	100.4	100.4	100.3	100.1
2.住房保养维修及管理	103.2	103.0	103.1	102.5	102.3	102.7	102.6	102.5	101.6	99.6	100.1	99.9
3.水电燃料	104.7	105.1	107.7	107.6	107.5	107.1	106.2	105.0	104.1	102.4	102.2	102.5
4.自有住房	99.9	99.9	99.8	99.3	99.3	99.3	99.6	99.8	99.8	100.0	99.9	99.9
四、生活用品及服务	100.8	100.9	101.0	101.1	101.1	101.1	100.9	100.9	100.9	100.7	100.8	100.8
1.家具及室内装饰品	104.9	104.9	103.0	101.6	101.1	101.0	100.2	100.6	100.9	99.9	99.8	99.9
2.家用器具	101.0	102.2	102.1	101.9	101.2	100.4	101.0	100.6	100.3	100.5	99.3	99.2
3.家用纺织品	98.4	98.4	98.3	99.9	99.4	99.6	99.8	100.1	100.0	99.4	100.1	100.0
4.家庭日用杂品	98.7	98.8	99.2	99.7	100.2	100.6	99.6	100.4	100.0	100.3	101.2	101.4
5.个人护理用品	96.8	98.8	100.0	101.4	103.5	104.6	104.4	103.2	105.2	104.4	105.6	104.9
6.家庭服务	108.2	100.1	103.3	103.2	103.0	103.0	102.9	102.9	101.8	101.4	100.9	100.9
五、交通通信	105.5	105.9	106.4	107.0	106.7	109.1	106.7	104.8	104.5	102.6	102.3	102.0
1.交通	108.7	109.4	109.8	110.7	110.4	113.7	110.1	107.3	106.8	103.8	103.3	102.7
2.通信	98.6	98.4	98.9	98.7	98.7	98.6	99.0	99.0	99.4	99.8	99.9	100.6
六、教育文化娱乐	101.7	101.9	101.8	101.8	101.6	101.9	101.5	101.5	101.6	101.4	101.2	101.4
1.教育	102.0	102.2	102.0	102.0	102.0	102.1	101.9	101.7	101.9	101.5	101.4	101.4
2.文化娱乐	100.7	100.9	101.3	101.0	100.3	101.1	100.4	100.7	100.7	100.8	100.6	101.2
七、医疗保健	100.3	100.4	100.5	100.5	100.5	100.5	100.4	100.4	100.7	100.9	100.9	101.1
1.药品及医疗器具	101.5	101.7	102.2	102.0	102.3	102.2	102.2	102.3	102.5	103.0	103.2	103.6
2.医疗服务	99.9	99.9	99.9	99.9	99.8	99.8	99.7	99.7	99.9	100.0	100.0	100.1
八、其他用品及服务	100.7	99.4	101.9	102.2	102.9	102.6	101.2	102.3	101.6	102.3	102.5	102.9
1.其他用品	97.6	99.7	102.6	103.1	104.3	103.7	101.3	103.2	102.0	103.1	103.5	104.2
2.其他服务	105.1	99.0	100.8	101.0	100.9	100.9	101.0	101.0	101.0	101.2	101.2	101.1

注：本表按国家统计局2020年11月制定的《流通和消费价格统计报表制度》进行分类。

3-12 商品零售价格分类指数(1994-2002年)

(上年=100)

年份	总指数						
		食品类	饮料、烟酒类	服装、鞋帽类	纺织品类	中、西药品类	化妆品类
1994	123.0	133.9	111.0	120.8	115.8	111.3	114.6
1995	114.4	122.7	102.4	118.7	113.7	111.2	106.0
1996	104.5	105.5	103.4	107.6	103.9	109.1	102.9
1997	99.8	98.2	102.8	103.0	101.4	104.5	101.6
1998	98.5	97.9	102.3	101.5	99.5	102.6	99.2
1999	96.5	94.6	99.7	95.2	99.3	101.2	101.0
2000	98.9	98.4	99.8	98.3	98.9	100.9	99.9
2001	98.0	98.1	99.8	95.3	100.9	97.4	98.2
2002	98.3	99.7	100.7	97.7	97.9	96.3	96.9

注：本表内容按1994年国家统计局制定的《流通和消费价格统计报表制度》进行分类。

3-12 续表

(上年=100)

年份	书报、杂志类	文化体育用品类	日用品类	家用电器类	首饰类	燃料类	建筑装潢材料类	机电产品类
1994	131.9	108.9	112.7	105.0	113.4	123.1	112.3	101.4
1995	110.0	108.0	108.2	101.0	99.0	106.2	102.9	97.8
1996	132.8	102.1	103.7	98.7	99.5	103.9	97.0	97.0
1997	106.2	100.7	101.2	97.1	95.9	106.4	97.0	96.3
1998	103.3	100.0	99.5	95.3	91.2	96.7	96.9	94.4
1999	101.9	99.0	98.9	94.0	95.9	101.1	98.0	95.7
2000	103.8	98.6	98.4	94.1	97.4	117.7	99.8	95.3
2001	106.0	99.0	98.6	94.6	96.3	100.7	98.3	96.6
2002	102.1	98.1	97.8	91.8	100.5	98.5	97.6	95.0

3-13 商品零售价格分类指数(2003-2022年)

(上年=100)

年 份	总指数	食品	饮料、烟酒	服装、鞋帽	纺织品	家用电器及音像器材
2003	99.1	101.9	100.5	96.2	97.2	92.9
2004	102.7	110.3	100.9	97.5	100.4	95.0
2005	100.6	103.8	99.7	97.2	99.3	96.1
2006	100.5	102.0	100.4	96.4	99.6	98.5
2007	104.3	111.8	101.2	99.3	98.7	98.0
2008	105.7	113.8	103.2	93.9	101.4	95.3
2009	97.9	99.2	102.0	97.1	101.2	94.7
2010	103.4	108.2	101.1	96.2	98.1	96.3
2011	104.8	111.1	103.2	100.8	106.1	96.3
2012	101.8	104.7	102.8	103.9	101.9	96.4
2013	101.1	104.3	100.1	101.7	98.9	96.5
2014	101.1	103.4	99.5	102.6	98.3	97.3
2015	99.9	101.9	101.7	103.5	99.1	98.2
2016	100.7	104.4	101.2	100.3	100.1	96.4
2017	100.6	98.4	100.9	100.7	100.3	100.0
2018	101.5	102.1	101.0	99.2	102.5	99.3
2019	101.9	108.5	100.3	102.5	102.1	98.7
2020	101.3	108.0	99.9	99.6	100.3	98.3
2021	101.1	98.8	99.7	101.1	100.8	101.0
2022	102.7	103.0	100.9	99.8	102.1	100.5

注：本表内容按2015年10月制订的《流通和消费价格统计报表制度》进行分类，其中："金银饰品"类2016年之前为"金银珠宝"类。

3-13 续表 1

(上年=100)

年 份	文化办公用品	日用品	体育娱乐用品	交通、通信用品	家具	化妆品
2003	94.5	98.8	98.5	90.4	98.8	97.5
2004	97.2	99.2	99.3	89.4	100.5	99.3
2005	96.4	99.6	98.4	89.9	99.9	99.5
2006	96.9	99.9	98.7	92.3	100.3	99.9
2007	98.0	99.9	98.4	94.4	103.1	100.2
2008	98.3	103.6	98.4	95.4	104.0	100.3
2009	95.3	102.3	98.4	94.2	101.2	100.9
2010	98.3	100.7	98.6	96.2	100.9	100.0
2011	98.6	101.6	101.0	95.7	102.1	99.6
2012	98.6	100.8	100.1	95.4	98.8	102.4
2013	98.5	99.9	99.9	96.7	100.7	101.3
2014	97.9	100.8	100.2	99.2	101.2	100.5
2015	99.1	99.9	99.8	99.6	101.5	101.0
2016	98.8	100.0	100.4	98.4	100.2	100.8
2017	101.0	99.8	100.5	98.1	102.2	102.4
2018	100.3	101.0	100.2	97.9	101.3	100.1
2019	99.8	101.2	99.4	97.4	99.8	101.1
2020	101.1	100.6	100.2	97.9	99.2	101.1
2021	101.5	99.9	101.4	99.3	100.4	99.2
2022	100.7	101.7	101.1	98.5	100.6	101.9

3-13 续表 2

(上年=100)

年 份	金银饰品	中西药品及医疗保健用品	书报杂志及电子出版物	燃料	建筑材料及五金电料
2003	103.8	98.3	103.3	109.6	99.9
2004	108.3	95.7	104.1	111.8	103.4
2005	104.2	97.0	100.3	117.0	101.4
2006	112.7	98.7	100.1	114.5	102.6
2007	105.5	103.8	102.7	104.4	105.3
2008	112.4	102.4	102.0	115.1	108.5
2009	98.2	100.8	105.8	87.4	94.8
2010	112.3	104.9	101.2	116.7	104.5
2011	111.7	106.2	100.0	112.4	105.5
2012	98.9	102.9	102.6	103.1	98.3
2013	94.1	101.2	105.2	100.7	99.3
2014	94.1	101.7	100.1	99.6	99.5
2015	96.5	100.8	102.0	86.5	98.3
2016	109.1	104.0	102.0	96.5	100.1
2017	102.0	104.8	104.1	107.3	101.5
2018	97.5	104.4	102.9	110.5	102.7
2019	110.3	104.2	104.8	94.4	100.2
2020	119.2	100.7	101.4	91.6	99.9
2021	98.2	99.8	100.5	114.4	101.9
2022	101.9	101.0	102.1	118.3	102.9

3-14 商品零售价格指数(2022年)

(上年同月=100)

项 目	1月	2月	3月	4月	5月	6月	7月	8月	9月	10月	11月	12月
商品零售价格总指数	101.3	101.9	102.5	103.4	103.4	103.9	103.8	103.1	103.0	102.1	101.6	101.9
一、食品	96.5	97.9	98.6	101.6	102.3	103.5	106.5	105.3	107.1	106.8	104.7	106.1
二、饮料、烟酒	100.4	101.0	100.8	100.9	101.1	101.2	100.8	101.4	101.1	100.8	100.9	101.0
三、服装、鞋帽	100.0	100.4	100.6	100.3	100.0	100.0	100.1	99.8	99.3	98.6	98.6	99.5
四、纺织品	102.6	102.7	102.3	102.0	102.2	102.1	102.1	102.1	102.5	102.7	100.4	101.6
五、家用电器及音像器材	101.5	101.7	101.8	101.6	100.9	100.1	100.0	100.5	100.1	100.0	99.1	99.3
六、文化办公用品	101.4	102.0	101.6	100.5	100.5	99.8	99.5	100.7	100.9	100.6	100.9	100.5
七、日用品	99.4	99.6	100.2	101.9	102.6	102.8	101.6	102.4	101.4	101.6	103.1	103.3
八、体育娱乐用品	99.6	99.9	100.6	101.5	101.3	101.6	101.6	101.2	101.3	102.1	101.3	101.3
九、交通、通信用品	100.6	100.1	99.3	99.2	99.2	99.3	99.6	98.0	97.3	96.9	96.5	96.0
十、家具	101.7	101.5	101.3	101.0	100.6	100.6	101.1	100.5	100.3	100.0	99.9	98.9
十一、化妆品	97.4	98.7	99.5	100.8	102.8	103.2	102.9	102.4	103.6	103.0	104.5	103.9
十二、金银饰品	95.3	98.4	106.6	102.3	100.8	99.4	97.7	103.4	101.1	104.3	105.7	108.9
十三、中西药品及医疗保健用品	100.7	100.6	100.6	100.7	100.9	100.9	101.1	101.3	101.4	101.4	101.3	101.2
十四、书报杂志及电子出版物	100.8	102.0	102.0	102.0	102.0	102.0	102.1	102.1	102.7	102.7	102.7	102.7
十五、燃料	118.3	119.9	122.6	126.6	125.0	128.3	121.6	117.4	115.6	109.4	108.9	109.1
十六、建筑材料及五金电料	104.3	104.9	104.3	103.8	103.4	103.8	103.8	103.1	102.9	101.0	100.2	99.8

3-15 工业生产者价格指数(1992-2022年)

(上年=100)

年 份	工业生产者出厂价格指数	轻工业	重工业	工业生产者购进价格指数
1992	102.7	101.4	104.3	109.3
1993	117.1	111.8	124.2	129.6
1994	116.9	118.6	114.6	115.2
1995	115.7	120.2	109.6	119.6
1996	101.8	101.7	102.0	104.3
1997	100.3	97.3	104.3	98.6
1998	95.7	95.4	96.1	92.5
1999	96.6	95.4	97.9	97.9
2000	100.5	99.9	101.2	112.4
2001	98.1	98.4	97.8	96.7
2002	97.6	98.2	96.9	97.6
2003	100.7	99.3	103.9	106.3
2004	102.6	100.3	107.9	113.3
2005	100.2	98.4	104.7	108.1
2006	99.2	98.0	101.6	103.9
2007	100.8	99.9	102.8	104.3
2008	102.7	100.6	107.0	110.2
2009	95.5	96.9	92.7	93.2
2010	103.2	101.5	106.9	107.7
2011	103.9	103.8	104.0	108.0
2012	98.7	99.8	97.8	97.7
2013	98.4	99.4	97.5	98.4
2014	98.6	99.8	97.6	98.3
2015	97.0	99.7	94.8	96.1
2016	99.1	100.3	98.1	98.0
2017	104.1	102.2	105.8	105.3
2018	102.8	101.2	104.1	102.8
2019	100.6	101.0	100.2	99.0
2020	98.4	99.2	97.8	98.6
2021	104.9	101.7	108.0	109.2
2022	102.9	101.7	104.0	105.2

注：工业生产者出厂价格指数2010年及以前称为“工业品出厂价格指数”。
工业生产者购进价格指数2010年及以前称为“工业企业原材料、燃料、动力购进价格指数”。

3-16 工业生产者出厂价格指数(1992-2022年)

(上年=100)

项　　目	1992年	1993年	1994年	1995年	1996年	1997年
总指数	**102.7**	**117.1**	**116.9**	**115.7**	**101.8**	**100.3**
按轻重分						
轻工业	101.4	111.8	118.6	120.2	101.7	97.3
以农产品为原料	102.7	112.8	123.1	123.5	102.3	97.2
以非农产品为原料	98.6	109.6	108.8	112.6	100.2	97.2
重工业	104.3	124.2	114.6	109.6	102.0	104.3
采掘工业	99.4	117.7	134.6	107.5	99.1	96.2
原料工业	105.5	128.2	106.6	109.2	103.0	110.3
加工工业	104.7	122.6	115.7	110.7	101.8	98.2
按两大部类分						
生产资料	103.8	122.5	113.5	113.9	102.9	102.2
采掘工业	99.4	117.7	134.6	107.5	99.1	96.2
原料工业	104.6	124.6	106.7	116.6	104.7	106.0
加工工业	104.2	121.9	115.6	112.4	101.7	97.8
生活资料	101.4	111.5	120.5	117.6	100.6	98.3
食　品	104.2	115.9	119.3	121.4	98.4	100.2
衣　着	99.9	106.1	139.8	121.3	104.0	96.6
一般日用品	101.0	113.4	110.7	112.3	103.0	101.4
耐用消费品	95.2	102.8	105.1	103.6	98.8	90.2
按工业部门分						
冶金工业	111.0	142.8	102.9	103.5	94.4	94.8
电力工业	102.1	100.5	104.5	115.5	113.8	136.7
煤炭及炼焦工业	101.4	138.1	141.1	109.8	114.3	112.4
石油工业			97.8	101.6	99.5	106.2
化学工业	101.7	112.5	111.8	125.6	104.3	98.0
机械工业	101.2	115.9	108.5	106.3	100.1	97.9
建筑材料工业	106.8	157.8	126.8	97.6	94.4	95.4
森林工业	101.3	119.4	125.2	103.9	98.6	94.5
食品工业	104.2	115.9	119.3	121.4	98.4	99.9
纺织工业	100.0	106.4	145.6	131.0	94.1	94.3
缝纫工业	99.7	105.4	151.4	101.9	113.0	99.6
皮革工业	100.2	101.9	117.2	122.8	99.8	94.4
造纸工业	102.7	115.8	102.8	136.3	113.6	92.1
文教艺术用品工业	101.9	118.1	109.5	102.0	99.7	95.9
其他工业	100.8	118.7	119.4	125.5	111.3	98.5

3-16 续表 1

(上年=100)

项　　目	1998年	1999年	2000年	2001年	2002年	2003年
总指数	**95.7**	**96.6**	**100.5**	**98.1**	**97.6**	**100.7**
按轻重分						
轻工业	95.4	95.4	99.9	98.4	98.2	99.3
以农产品为原料	96.9	94.5	100.9	99.6	98.7	100.8
以非农产品为原料	91.7	97.3	97.7	95.8	97.4	98.4
重工业	96.1	97.9	101.2	97.8	96.9	103.9
采掘工业	96.0	97.9	107.5	104.3	105.8	103.3
原料工业	97.0	99.9	103.4	98.0	98.1	106.5
加工工业	94.8	94.8	97.6	96.8	95.7	101.3
按两大部类分						
生产资料	95.2	97.6	101.6	97.0	97.1	101.3
采掘工业	96.0	97.9	107.5	104.3	105.8	103.3
原料工业	95.3	99.5	104.3	96.5	98.1	107.1
加工工业	94.8	94.4	97.4	97.0	96.2	98.8
生活资料	96.3	95.2	98.7	99.7	98.4	99.7
食　品	97.8	98.8	98.5	99.8	99.8	100.4
衣　着	96.6	91.2	101.8	101.2	98.9	100.4
一般日用品	94.4	95.9	94.9	98.1	98.4	100.1
耐用消费品	87.8	88.8	94.2	98.1	96.4	97.6
按工业部门分						
冶金工业	91.2	92.2	100.8	97.7	98.6	110.5
电力工业	110.4	103.6	95.3	99.4	97.6	102.1
煤炭及炼焦工业	96.5	98.5	114.1	105.7	114.6	99.7
石油工业	86.5	108.2	138.4	94.4	99.1	114.8
化学工业	92.6	95.7	100.3	95.6	97.1	102.5
机械工业	94.7	94.5	94.9	96.9	95.3	95.3
建筑材料工业	91.6	96.5	95.8	97.3	97.7	101.7
森林工业	94.8	94.2	104.2	102.3	98.1	99.4
食品工业	97.6	98.1	98.2	100.4	99.5	100.6
纺织工业	87.8	99.3	108.4	93.1	96.7	104.7
缝纫工业	92.4	88.0	103.4	102.1	98.6	100.2
皮革工业	104.5	89.8	98.0	100.8	99.7	100.6
造纸工业	92.2	95.3	105.7	96.7	96.4	98.6
文教艺术用品工业	89.7	94.7	96.6	95.9	100.4	99.6
其他工业	96.5	95.1	94.8	102.8	98.6	104.1

3-16 续表 2

(上年=100)

项　　目	2004年	2005年	2006年	2007年	2008年	2009年
总指数	**102.6**	**100.2**	**99.2**	**100.8**	**102.7**	**95.5**
按轻重分						
轻工业	100.3	98.4	98.0	99.9	100.6	96.9
以农产品为原料	101.6	100.5	100.8	102.2	103.0	98.8
以非农产品为原料	99.7	97.4	95.8	98.0	98.7	95.1
重工业	107.9	104.7	101.6	102.8	107.0	92.7
采掘工业	133.2	123.4	108.2	108.0	113.7	90.6
原料工业	109.8	107.8	103.8	102.3	107.3	95.3
加工工业	104.7	100.9	99.2	102.6	106.0	91.1
按两大部类分						
生产资料	104.3	100.9	98.8	100.7	102.9	93.3
采掘工业	133.2	123.4	108.2	108.0	113.7	90.6
原料工业	109.8	107.5	104.0	102.6	105.8	94.5
加工工业	101.8	98.4	96.9	99.8	101.4	93.0
生活资料	99.9	99.1	100.0	101.1	102.3	99.4
食　品	100.2	98.4	101.6	103.8	104.9	98.2
衣　着	101.4	101.7	100.9	101.3	102.0	100.4
一般日用品	101.1	101.3	102.1	101.6	102.5	99.8
耐用消费品	95.6	93.0	93.0	95.3	97.7	98.2
按工业部门分						
冶金工业	121.4	104.3	102.2	108.1	112.6	83.2
电力工业	103.5	103.5	101.2	100.4	101.3	103.4
煤炭及炼焦工业	123.9	137.3	109.3	101.1	121.0	101.3
石油工业	114.7	123.5	114.9	103.9	119.5	88.5
化学工业	107.9	104.6	103.1	103.3	103.8	91.7
机械工业	96.9	95.1	93.2	96.0	97.5	94.4
建筑材料工业	107.4	98.5	101.6	101.7	101.4	99.6
森林工业	100.9	103.0	101.5	103.4	101.0	98.3
食品工业	101.3	98.4	101.3	104.4	105.6	98.4
纺织工业	104.7	100.9	99.9	102.3	101.2	97.4
缝纫工业	102.1	101.0	100.4	101.1	101.0	100.7
皮革工业	100.1	102.7	101.5	101.5	102.6	100.1
造纸工业	101.3	101.4	99.9	100.1	104.3	92.9
文教艺术用品工业	99.5	100.1	98.1	100.0	100.3	99.7
其他工业	102.5	101.7	104.5	102.6	103.0	99.4

3-16 续表 3

(上年=100)

项　　目	2010年	2011年	2012年	2013年	2014年	2015年
总指数	**103.2**	**103.9**	**98.7**	**98.4**	**98.6**	**97.0**
按轻重分						
轻工业	101.5	103.8	99.8	99.4	99.8	99.7
以农产品为原料	102.5	104.4	100.0	99.6	100.1	99.9
以非农产品为原料	100.6	102.2	99.3	98.9	99.0	99.3
重工业	106.9	104.0	97.8	97.5	97.6	94.8
采掘工业	121.1	113.5	92.4	97.4	91.6	89.6
原料工业	107.9	108.9	100.2	98.6	97.5	91.2
加工工业	104.1	101.7	97.2	97.1	98.0	96.4
按两大部类分						
生产资料	104.1	104.5	97.6	97.6	97.7	95.0
采掘工业	121.1	113.5	92.4	97.4	91.6	89.6
原料工业	108.9	109.4	99.5	98.4	97.3	91.3
加工工业	101.7	102.3	97.2	97.3	98.2	96.6
生活资料	101.7	102.9	100.6	99.8	100.0	100.5
食　品	104.7	107.9	102.5	100.2	100.3	100.3
衣　着	100.9	101.7	99.8	100.0	100.5	100.7
一般日用品	100.9	102.2	101.4	99.9	99.8	99.7
耐用消费品	98.7	97.2	97.8	98.2	98.6	101.4
按工业部门分						
冶金工业	113.0	109.7	92.1	95.3	93.5	88.2
电力工业	100.3	101.5	105.5	100.7	99.4	98.6
煤炭及炼焦工业	108.4	117.0	98.2	90.6	89.7	90.7
石油工业	124.4	117.7	100.4	96.4	95.5	74.8
化学工业	107.1	108.2	97.2	98.2	97.8	95.3
机械工业	98.5	97.7	97.9	97.3	98.7	98.6
建筑材料工业	103.0	106.0	97.7	98.5	99.5	97.4
森林工业	102.7	102.9	100.9	100.4	100.6	99.5
食品工业	104.4	107.8	102.7	100.3	100.3	100.0
纺织工业	102.9	106.2	94.5	97.3	98.6	96.8
缝纫工业	100.9	101.4	99.9	100.0	100.0	100.4
皮革工业	100.9	102.1	99.6	100.1	101.1	101.2
造纸工业	104.1	102.9	98.1	97.7	99.0	99.8
文教艺术用品工业	99.6	100.4	99.9	99.9	99.6	100.2
其他工业	102.7	102.9	102.6	100.3	100.0	100.1

3-16 续表 4

(上年=100)

项　　目	2016年	2017年	2018年	2019年	2020年	2021年	2022年
总指数	**99.1**	**104.1**	**102.8**	**100.6**	**98.4**	**104.9**	**102.9**
按轻重分							
轻工业	100.3	102.2	101.2	101.0	99.2	101.7	101.7
以农产品为原料	100.7	102.0	101.4	101.3	99.7	100.9	101.4
以非农产品为原料	99.2	102.8	100.7	100.5	97.9	103.1	102.2
重工业	98.1	105.8	104.1	100.2	97.8	108.0	104.0
采掘工业	97.0	113.4	104.2	103.4	99.0	113.2	103.3
原材料工业	96.8	107.1	107.7	100.1	94.3	115.1	111.8
加工工业	98.7	104.9	102.7	100.1	99.1	104.5	100.3
按两大部类分							
生产资料	97.9	105.5	104.2	100.1	97.1	107.7	103.9
采掘工业	97.0	113.4	104.2	103.4	99.0	113.2	103.3
原材料工业	95.8	106.7	107.2	99.6	93.2	114.6	110.7
加工工业	98.7	104.8	103.1	100.1	98.5	104.7	101.0
生活资料	101.2	101.7	100.2	101.5	100.8	99.9	101.0
食　品	101.0	101.1	100.9	102.1	101.7	99.8	100.9
衣　着	101.8	102.1	99.8	101.3	100.6	99.6	100.6
一般日用品	101.1	101.4	100.1	101.8	101.0	99.8	101.4
耐用消费品	100.3	102.7	99.3	99.0	97.8	101.0	101.9
按工业部门分							
冶金工业	99.4	119.3	105.7	99.0	99.2	120.0	101.4
电力工业	98.1	99.3	99.3	100.0	99.6	98.5	104.4
煤炭及炼焦工业	99.0	128.9	102.8	97.0	95.5	132.0	117.4
石油工业	90.4	110.4	119.3	104.2	83.3	120.0	134.0
化学工业	96.7	104.8	104.6	98.4	94.6	110.7	105.2
机械工业	99.0	101.3	100.0	99.9	98.5	101.4	100.4
建筑材料工业	98.7	103.7	106.1	102.6	101.2	99.9	99.9
森林工业	100.6	100.9	101.2	101.1	99.7	99.4	100.7
食品工业	100.8	101.1	101.2	101.9	101.7	100.7	101.4
纺织工业	98.1	102.5	103.7	99.6	93.4	105.8	104.2
缝纫工业	100.3	101.0	100.6	101.2	101.2	100.4	99.6
皮革工业	103.6	103.1	99.1	101.7	99.9	98.2	102.3
造纸工业	99.6	105.3	105.6	100.0	98.6	102.4	99.3
文教艺术用品工业	101.0	102.0	100.3	99.9	98.6	103.1	101.8
其他工业	101.2	101.9	100.4	103.4	102.7	99.8	102.3

3-17 工业生产者购进价格指数(1992-2022年)

(上年=100)

项　　目	1992年	1993年	1994年	1995年	1996年	1997年
总　指　数	**109.3**	**129.6**	**115.2**	**119.6**	**104.3**	**98.6**
燃料、动力类	114.7	130.3	114.5	109.6	110.2	109.0
黑色金属材料类	115.2	167.0	100.2	98.8	97.1	95.8
#钢材	116.7	164.6	99.2	99.6	96.1	94.8
有色金属材料和电线类	107.8	116.8	104.0	133.9	89.8	95.6
化工原料类	100.1	118.0	112.7	126.4	98.1	95.0
木材及纸浆类	102.5	122.9	108.7	118.1	98.3	94.7
建筑材料及非金属矿类	110.7	150.0	117.9	102.5	98.2	100.0
其他工业原材料及半成品类						95.5
农副产品类	113.0	110.8	137.4	155.4	125.1	96.9
纺织原料类	96.3	105.9	142.5	125.4	88.1	91.8

3-17 续表 1

(上年=100)

项　　目	1998年	1999年	2000年	2001年	2002年	2003年
总　指　数	**92.5**	**97.9**	**112.4**	**96.7**	**97.6**	**106.3**
燃料、动力类	93.7	103.0	137.2	98.6	102.0	109.1
黑色金属材料类	94.2	92.6	102.4	100.1	99.3	116.5
#钢材	92.9	92.8	103.6	97.5	97.3	113.7
有色金属材料和电线类	90.9	98.7	109.9	91.6	95.0	104.6
化工原料类	88.9	98.3	112.2	93.7	97.0	108.5
木材及纸浆类	94.5	96.9	97.5	100.3	98.1	101.6
建筑材料及非金属矿类	97.5	95.0	97.0	105.6	100.6	100.9
其他工业原材料及半成品类	91.6	94.2	105.6	100.9	98.3	100.9
农副产品类	96.9	92.5	96.2	101.5	92.6	113.3
纺织原料类	84.7	105.4	107.8	85.5	92.9	102.0

3-17 续表 2

(上年=100)

项　　目	2004年	2005年	2006年	2007年	2008年	2009年
总　指　数	**113.3**	**108.1**	**103.9**	**104.3**	**110.2**	**93.2**
燃料、动力类	116.4	125.6	111.0	102.3	126.8	90.6
黑色金属材料类	129.3	103.5	93.8	110.2	120.9	83.3
#钢材	125.4	106.4	93.3	107.7	116.9	83.1
有色金属材料和电线类	118.9	111.3	122.8	107.9	99.8	88.8
化工原料类	114.2	106.1	101.9	106.3	112.4	83.9
木材及纸浆类	101.4	100.7	100.3	102.7	105.4	91.8
建筑材料及非金属矿类	105.8	105.9	97.9	102.7	109.6	97.8
其他工业原材料及半成品类	106.8	104.8	106.0	102.3	102.6	99.4
农副产品类	126.2	94.0	99.7	111.5	109.5	97.3
纺织原料类	107.6	102.9	99.5	102.0	99.7	98.5

3-17 续表 3

(上年=100)

项　　目	2010年	2011年	2012年	2013年	2014年	2015年
总　指　数	**107.7**	**108.0**	**97.7**	**98.4**	**98.3**	**96.1**
燃料、动力类	108.1	107.4	103.4	98.9	97.8	93.6
黑色金属材料类	113.5	108.5	91.1	94.7	92.7	86.1
#钢材	109.6	106.6	92.6	93.9	93.9	87.4
有色金属材料和电线类	116.6	111.4	95.5	91.9	93.1	94.9
化工原料类	110.8	113.6	94.9	96.7	98.2	94.6
木材及纸浆类	99.4	101.6	99.4	99.2	98.5	99.3
建筑材料及非金属矿类	102.8	102.7	96.9	98.6	99.9	97.6
其他工业原材料及半成品类	101.9	101.5	98.5	99.3	100.0	98.8
农副产品类	117.8	123.5	98.2	100.5	97.1	96.4
纺织原料类	106.9	109.1	98.7	101.1	100.3	98.0

3-17 续表 4

(上年=100)

项　　目	2016年	2017年	2018年	2019年	2020年	2021年	2022年
总　指　数	**98.0**	**105.3**	**102.8**	**99.0**	**98.6**	**109.2**	**105.2**
燃料、动力类	93.0	107.2	107.8	98.4	92.1	120.0	123.6
黑色金属材料类	96.5	115.8	103.1	101.5	100.9	124.5	101.4
#钢材	95.5	115.8	104.9	97.3	97.9	119.9	99.7
有色金属材料及电线类	94.3	111.9	106.5	98.5	104.5	113.1	103.9
化工原料类	97.5	105.6	104.3	95.9	92.7	114.3	104.4
木材及纸浆类	101.2	107.9	102.6	96.2	98.8	106.2	103.1
建筑材料及非金属类	98.9	103.6	108.4	102.2	100.2	102.3	100.6
其他工业原材料及半成品类	99.4	102.0	99.5	99.3	100.0	103.3	102.7
农副产品类	100.3	99.8	97.7	105.4	110.6	103.8	104.7
纺织原料类	100.6	102.5	99.4	98.5	99.2	103.0	102.4

3-18　分行业工业生产者出厂价格指数(2003-2011年)

(上年=100)

行　　业	2003年	2004年	2005年	2006年	2007年
煤炭开采和洗选业	100.6	128.8	145.0	108.7	99.7
黑色金属矿采选业	106.8	213.5	98.8	95.5	109.5
有色金属矿采选业	111.5	122.7	115.9	134.8	127.5
非金属矿采选业	99.8	100.6	100.5	104.0	108.1
农副食品加工业	102.2	108.0	99.4	100.8	107.6
食品制造业	99.2	92.0	95.0	105.4	103.4
饮料制造业	97.7	99.5	98.1	99.1	101.8
烟草制品业	101.4	100.3	100.4	99.1	99.6
纺织业	103.4	104.2	101.2	100.1	102.1
纺织服装、鞋、帽制造业	100.6	102.2	100.9	100.3	101.1
皮革、毛皮、羽毛(绒)及其制品业	100.7	100.2	102.7	101.5	101.5
木材加工及木、竹、藤、棕、草制品业	99.6	99.7	101.9	102.3	104.7
家具制造业	99.5	102.5	105.0	100.3	100.1
造纸及纸制品业	98.6	101.3	101.4	99.9	100.1
印刷业和记录媒介的复制	97.8	95.4	97.8	99.5	99.7
文教体育用品制造业	100.5	102.3	101.9	100.8	100.6
石油加工、炼焦及核燃料加工业	115.1	114.9	123.7	115.0	103.8
化学原料及化学制品制造业	100.0	112.8	106.2	103.6	104.5
医药制造业	99.8	100.0	98.2	98.9	102.2
化学纤维制造业	113.0	110.9	105.7	101.4	103.6
橡胶制品业	101.1	102.9	106.3	108.8	102.8
塑料制品业	100.1	104.1	103.4	101.6	102.4
非金属矿物制品业	101.3	106.5	98.7	101.5	101.5
黑色金属冶炼及压延加工业	118.9	128.8	97.9	95.0	110.4
有色金属冶炼及压延加工业	106.7	113.8	115.3	125.9	103.7
金属制品业	101.2	109.4	107.6	92.5	104.3
通用设备制造业	100.0	107.1	101.8	99.9	100.2
专用设备制造业	98.3	101.3	100.1	99.1	98.9
交通运输设备制造业	96.1	97.3	100.2	99.5	101.6
电气机械及器材制造业	100.8	105.6	102.5	106.8	102.4
通信设备、计算机及其他电子设备制造业	92.9	94.1	91.6	87.4	92.0
仪器仪表及文化、办公用机械制造业	102.9	99.5	100.4	99.4	101.9
工艺品及其他制造业	105.3	102.9	99.9	104.7	102.7
废弃资源和废旧材料回收加工		109.2	102.9	100.0	105.5
电力、热力的生产和供应业	102.1	103.5	103.5	101.3	100.4
燃气生产和供应业	102.5	103.2	106.8	111.2	113.7
水的生产和供应业	102.2	104.1	102.7	111.9	103.4

3-18 续表

(上年=100)

行　　业	2008年	2009年	2010年	2011年
煤炭开采和洗选业	123.4	102.9	106.4	117.1
黑色金属矿采选业	126.3	73.9	143.0	114.1
有色金属矿采选业	78.3	88.2	128.0	111.1
非金属矿采选业	108.3	102.1	105.8	106.7
农副食品加工业	109.5	96.7	106.7	111.3
食品制造业	102.6	100.0	101.7	104.0
饮料制造业	102.2	101.1	103.8	107.0
烟草制品业	99.9	98.6	98.8	98.4
纺织业	101.3	98.6	102.6	105.5
纺织服装、鞋、帽制造业	100.9	100.3	100.7	101.2
皮革、毛皮、羽毛(绒)及其制品业	102.6	100.1	100.9	102.1
木材加工及木、竹、藤、棕、草制品业	101.7	98.0	103.1	102.9
家具制造业	100.5	99.3	100.5	102.7
造纸及纸制品业	104.3	92.9	104.1	102.9
印刷业和记录媒介的复制	102.7	100.5	99.3	100.3
文教体育用品制造业	99.5	99.5	100.4	100.5
石油加工、炼焦及核燃料加工业	119.6	88.4	125.7	118.1
化学原料及化学制品制造业	109.1	89.0	111.1	112.0
医药制造业	109.0	96.5	101.5	102.5
化学纤维制造业	95.8	84.5	118.8	113.7
橡胶制品业	101.7	100.1	99.9	108.3
塑料制品业	101.7	93.7	103.0	103.3
非金属矿物制品业	101.0	99.5	102.8	105.9
黑色金属冶炼及压延加工业	124.2	78.2	111.8	110.2
有色金属冶炼及压延加工业	97.8	85.9	114.7	115.1
金属制品业	105.8	95.1	101.1	101.2
通用设备制造业	105.8	96.0	101.1	101.5
专用设备制造业	103.3	99.8	100.1	100.3
交通运输设备制造业	100.5	100.9	99.9	101.2
电气机械及器材制造业	102.1	98.2	102.4	101.7
通信设备、计算机及其他电子设备制造业	92.5	89.0	95.4	92.5
仪器仪表及文化、办公用机械制造业	100.8	99.9	99.8	101.1
工艺品及其他制造业	103.8	99.4	102.6	103.2
废弃资源和废旧材料回收加工	100.0	101.1	106.8	109.5
电力、热力的生产和供应业	101.3	103.4	100.3	101.5
燃气生产和供应业	103.0	92.1	117.8	113.1
水的生产和供应业	101.0	100.0	105.5	102.8

3-19 分行业工业生产者出厂价格指数(2012-2022年)

(上年=100)

行　　业	2012年	2013年	2014年	2015年
煤炭开采和洗选业	98.2	90.6	89.7	90.8
黑色金属矿采选业	84.4	101.2	87.1	80.6
有色金属矿采选业	94.0	97.2	94.7	95.4
非金属矿采选业	98.2	98.9	99.9	99.7
农副食品加工业	104.3	100.4	99.8	99.6
食品制造业	100.7	99.5	101.0	100.2
酒、饮料和精制茶制造业	101.2	100.8	101.2	100.0
烟草制品业	100.0	100.3	100.1	100.6
纺织业	95.4	98.1	99.0	97.6
纺织服装、服饰业	100.1	99.9	99.5	100.1
皮革、毛皮、羽毛及其制品和制鞋业	99.8	99.9	101.0	100.7
木材加工和木、竹、藤、棕、草制品业	100.7	100.9	100.5	99.5
家具制造业	100.3	98.8	99.9	99.6
造纸和纸制品业	98.1	97.7	99.0	99.8
印刷和记录媒介复制业	100.1	100.4	99.1	99.3
文教、工美、体育和娱乐用品制造业	102.9	99.0	99.4	100.6
石油加工、炼焦和核燃料加工业	99.9	96.1	95.0	72.3
化学原料和化学制品制造业	93.5	97.9	97.8	92.9
医药制造业	101.4	101.1	100.2	100.0
化学纤维制造业	93.0	96.1	95.4	90.7
橡胶和塑料制品业	100.3	98.3	97.6	97.4
非金属矿物制品业	97.7	98.5	99.5	97.3
黑色金属冶炼和压延加工业	89.9	93.6	92.9	85.4
有色金属冶炼和压延加工业	97.4	94.3	93.7	91.4
金属制品业	98.9	99.0	99.0	97.6
通用设备制造业	99.8	99.7	99.8	99.6
专用设备制造业	100.5	100.4	99.6	99.3
汽车制造业	99.5	100.0	98.8	99.0
铁路、船舶、航空航天和其他运输设备制造业	101.5	100.5	101.6	101.0
电气机械和器材制造业	99.3	99.2	98.6	98.0
计算机、通信和其他电子设备制造业	94.8	93.8	97.7	98.1
仪器仪表制造业	100.1	100.9	99.2	100.1
其他制造业	103.0	102.9	101.3	100.5
废弃资源综合利用业	95.4	91.4	95.3	89.7
金属制品、机械和设备修理业	102.8	100.2	102.9	101.5
电力、热力生产和供应业	105.5	100.7	99.4	98.6
燃气生产和供应业	106.1	99.8	101.0	101.7
水的生产和供应业	100.3	100.5	101.6	105.4

注：本表行业分类依据《国民经济行业分类》(GB/T 4754-2011)。

3-19 续表

(上年=100)

行业	2016年	2017年	2018年	2019年	2020年	2021年	2022年
煤炭开采和洗选业	97.6	129.1	102.4	97.2	95.4	129.2	122.4
黑色金属矿采选业	96.9	104.4	99.3	109.9	104.4	119.9	88.7
有色金属矿采选业	99.8	124.1	111.1	93.9	93.7	117.6	112.1
非金属矿采选业	95.7	106.0	105.8	106.2	99.0	102.5	106.2
农副食品加工业	101.7	101.5	101.5	102.0	102.1	100.8	101.6
食品制造业	99.7	101.3	100.8	100.6	101.2	100.1	102.7
酒、饮料和精制茶制造业	100.1	99.6	100.7	102.7	101.4	100.6	101.4
烟草制品业	100.3	99.9	100.6	102.3	100.6	101.1	103.2
纺织业	98.7	102.2	103.1	99.9	94.4	104.7	104.0
纺织服装、服饰业	99.8	101.0	100.9	101.4	101.6	100.4	97.8
皮革、毛皮、羽毛及其制品和制鞋业	102.6	102.9	99.5	101.5	100.0	99.0	102.2
木材加工和木、竹、藤、棕、草制品业	100.4	100.9	101.5	101.0	99.4	100.1	100.2
家具制造业	100.8	101.6	100.5	101.2	100.3	97.4	102.1
造纸和纸制品业	99.6	105.3	105.6	100.0	98.6	102.4	99.3
印刷和记录媒介复制业	98.3	103.8	100.2	99.9	98.0	103.2	101.2
文教、工美、体育和娱乐用品制造业	102.3	101.2	99.2	102.8	103.3	101.9	101.9
石油、煤炭及其他燃料加工业	91.8	114.2	121.7	103.7	81.4	127.0	135.4
化学原料和化学制品制造业	96.9	109.8	109.5	96.7	92.2	121.4	109.8
医药制造业	102.7	100.5	100.8	101.3	101.9	99.9	101.0
化学纤维制造业	90.2	104.3	104.7	96.2	86.3	112.6	101.8
橡胶和塑料制品业	98.3	102.0	101.8	100.7	98.4	101.6	102.1
非金属矿物制品业	98.8	103.4	105.9	102.3	101.3	99.7	100.0
黑色金属冶炼和压延加工业	101.4	128.9	107.4	95.9	96.7	127.4	95.5
有色金属冶炼和压延加工业	95.8	110.1	104.6	101.0	102.4	121.7	106.7
金属制品业	99.0	103.7	103.0	100.9	99.8	105.9	102.6
通用设备制造业	100.3	100.5	101.8	101.1	99.3	102.4	102.6
专用设备制造业	100.1	101.1	100.5	101.3	100.1	99.7	98.7
汽车制造业	98.5	99.9	100.4	99.9	100.3	101.9	101.3
铁路、船舶、航空航天和其他运输设备制造业	99.8	99.9	100.5	99.8	100.0	99.5	100.5
电气机械和器材制造业	99.9	101.6	99.5	100.3	99.0	102.2	101.2
计算机、通信和其他电子设备制造业	98.1	101.6	99.0	98.7	96.3	100.1	99.1
仪器仪表制造业	101.8	100.8	99.5	101.6	100.8	97.7	99.1
其他制造业	101.8	104.0	101.8	102.2	101.6	100.1	102.4
废弃资源综合利用业	98.1	113.4	111.3	103.5	104.6	115.4	95.8
金属制品、机械和设备修理业	103.1	101.7	100.0	103.1	102.0	100.8	102.0
电力、热力生产和供应业	98.1	99.3	99.3	100.0	99.6	98.5	104.4
燃气生产和供应业	85.5	93.9	102.8	106.4	95.9	94.1	122.8
水的生产和供应业	101.1	103.4	101.7	102.1	100.0	99.8	101.6

注：本表行业分类依据《国民经济行业分类》(GB/T 4754-2011)。
2019年起，"石油加工、炼焦和核燃料加工业"变更为"石油、煤炭及其他燃料加工业"。

3-20 分行业工业生产者出厂价格月环比指数(2022年)

(上月=100)

行业	1月	2月	3月	4月	5月	6月
煤炭开采和洗选业	90.6	98.8	101.8	117.2	100.2	99.1
黑色金属矿采选业	104.5	105.6	103.3	103.5	98.7	97.4
有色金属矿采选业	102.3	100.1	101.0	102.2	101.5	99.5
非金属矿采选业	100.9	98.9	99.8	101.8	99.5	100.3
农副食品加工业	99.8	100.3	99.6	100.1	100.3	100.8
食品制造业	101.0	100.0	100.3	100.0	100.4	100.1
酒、饮料和精制茶制造业	100.1	100.2	100.0	100.5	100.5	100.1
烟草制品业	100.2	99.8	100.0	100.0	100.0	100.0
纺织业	100.7	100.3	100.6	100.3	100.0	100.0
纺织服装、服饰业	99.4	100.0	99.8	99.5	99.2	99.8
皮革、毛皮、羽毛及其制品和制鞋业	100.4	99.9	99.8	100.3	100.4	100.7
木材加工和木、竹、藤、棕、草制品业	100.9	99.5	100.1	99.7	100.0	99.6
家具制造业	100.3	100.0	99.3	100.2	100.6	100.4
造纸和纸制品业	99.4	99.7	100.1	99.9	99.9	100.2
印刷和记录媒介复制业	102.1	99.9	100.0	100.1	100.0	99.4
文教、工美、体育和娱乐用品制造业	100.3	100.1	100.4	100.3	100.0	100.6
石油、煤炭及其他燃料加工业	98.3	107.2	108.3	107.4	100.9	105.0
化学原料和化学制品制造业	99.5	100.7	102.0	103.9	101.2	101.0
医药制造业	100.5	100.2	100.1	99.4	99.8	100.0
化学纤维制造业	99.4	100.2	101.6	101.0	101.5	100.1
橡胶和塑料制品业	99.9	100.5	100.4	100.2	100.3	99.8
非金属矿物制品业	98.9	98.9	100.4	100.1	100.3	99.6
黑色金属冶炼和压延加工业	97.5	99.6	103.1	103.0	99.6	98.2
有色金属冶炼和压延加工业	100.2	99.9	102.9	99.8	99.1	100.5
金属制品业	99.7	99.9	100.0	100.1	100.5	99.8
通用设备制造业	99.7	99.3	100.2	99.9	100.3	100.4
专用设备制造业	99.9	99.9	99.8	99.7	99.8	99.9
汽车制造业	99.6	100.2	99.6	99.9	100.0	100.2
铁路、船舶、航空航天和其他运输设备制造业	100.0	100.0	99.9	100.5	100.2	100.1
电气机械和器材制造业	97.9	100.0	100.1	100.2	100.5	100.3
计算机、通信和其他电子设备制造业	100.0	100.1	99.6	100.1	100.8	99.6
仪器仪表制造业	100.4	99.5	99.3	100.0	100.0	100.1
其他制造业	100.4	100.2	99.9	100.1	100.8	99.1
废弃资源综合利用业	100.6	99.9	102.3	104.8	97.4	95.8
金属制品、机械和设备修理业	99.6	100.0	101.6	99.6	100.5	99.6
电力、热力生产和供应业	101.9	100.7	98.5	100.7	99.9	98.8
燃气生产和供应业	99.7	105.3	106.7	106.3	99.4	99.7
水的生产和供应业	104.9	100.1	99.1	100.0	100.2	100.2

注：本表依据《国民经济行业分类》(GB/T 4754-2011)标准。

3-20 续表

(上月=100)

行　业	7月	8月	9月	10月	11月	12月
煤炭开采和洗选业	97.4	95.4	98.1	102.4	105.3	102.1
黑色金属矿采选业	95.4	92.7	96.9	99.6	97.8	100.6
有色金属矿采选业	98.2	98.9	100.3	100.9	100.7	99.0
非金属矿采选业	100.1	98.7	99.2	101.0	101.4	100.9
农副食品加工业	100.7	100.5	100.7	100.8	100.7	99.6
食品制造业	100.2	99.8	100.0	100.4	100.3	99.4
酒、饮料和精制茶制造业	100.3	100.1	100.1	100.0	100.2	100.6
烟草制品业	100.0	100.0	100.0	100.0	100.0	100.0
纺织业	99.5	99.3	98.9	99.5	99.5	99.1
纺织服装、服饰业	100.0	99.9	99.7	100.6	100.4	99.5
皮革、毛皮、羽毛及其制品和制鞋业	100.0	100.5	100.6	101.0	100.5	100.2
木材加工和木、竹、藤、棕、草制品业	99.8	99.7	100.3	99.6	99.8	99.4
家具制造业	99.9	100.2	99.2	100.6	100.2	99.8
造纸和纸制品业	99.6	99.6	99.9	100.0	100.0	99.8
印刷和记录媒介复制业	99.8	100.0	98.9	99.9	97.8	99.3
文教、工美、体育和娱乐用品制造业	99.8	100.5	100.0	100.1	100.7	100.3
石油、煤炭及其他燃料加工业	103.3	95.1	95.1	99.9	100.7	99.9
化学原料和化学制品制造业	98.8	96.7	94.5	102.0	98.8	97.5
医药制造业	99.9	99.9	100.0	100.0	100.2	100.1
化学纤维制造业	99.6	99.7	98.5	100.0	100.1	99.2
橡胶和塑料制品业	99.5	99.7	99.3	100.0	99.7	100.0
非金属矿物制品业	98.8	100.2	100.1	100.6	100.8	99.5
黑色金属冶炼和压延加工业	90.9	96.8	98.0	100.2	100.4	101.3
有色金属冶炼和压延加工业	96.4	97.6	99.1	98.2	99.1	101.3
金属制品业	99.3	99.6	99.3	99.4	99.7	99.8
通用设备制造业	100.2	100.0	99.6	100.3	100.1	100.1
专用设备制造业	100.1	99.8	100.2	99.7	100.1	100.1
汽车制造业	100.1	97.5	101.2	99.4	100.1	99.7
铁路、船舶、航空航天和其他运输设备制造业	100.1	100.2	100.4	100.4	100.1	100.0
电气机械和器材制造业	99.6	101.1	100.9	100.0	99.9	100.0
计算机、通信和其他电子设备制造业	99.7	99.6	100.1	100.0	99.4	99.5
仪器仪表制造业	100.0	100.2	100.0	99.6	99.8	99.9
其他制造业	100.4	100.5	100.9	101.0	99.7	99.6
废弃资源综合利用业	92.0	100.6	97.1	98.6	96.5	102.4
金属制品、机械和设备修理业	100.8	100.9	100.2	100.3	100.5	101.0
电力、热力生产和供应业	99.7	100.1	103.9	100.6	100.5	100.4
燃气生产和供应业	100.2	99.7	100.1	103.7	100.3	99.4
水的生产和供应业	101.1	102.1	100.3	97.4	100.3	99.0

3-21 分行业工业生产者出厂价格月同比指数(2022年)

(上年同月=100)

行　　业	1月	2月	3月	4月	5月	6月
煤炭开采和洗选业	128.0	120.0	129.3	153.1	149.1	139.8
黑色金属矿采选业	92.4	93.3	94.3	97.6	91.1	86.7
有色金属矿采选业	120.5	117.5	114.7	114.6	115.9	113.6
非金属矿采选业	108.9	107.0	106.2	108.1	107.3	107.3
农副食品加工业	99.6	100.2	99.3	99.9	100.4	101.2
食品制造业	102.7	102.8	102.9	102.9	103.1	103.4
酒、饮料和精制茶制造业	100.3	100.4	100.3	100.8	101.3	101.2
烟草制品业	104.5	104.3	104.3	104.3	104.3	104.3
纺织业	109.7	108.9	107.3	106.2	105.9	106.3
纺织服装、服饰业	98.7	98.5	98.1	97.5	97.3	97.7
皮革、毛皮、羽毛及其制品和制鞋业	100.8	101.2	101.0	101.1	101.2	102.5
木材加工和木、竹、藤、棕、草制品业	101.2	100.0	100.4	100.3	100.9	101.0
家具制造业	102.5	102.8	102.1	101.8	102.2	103.8
造纸和纸制品业	102.2	101.2	99.5	99.8	99.2	98.9
印刷和记录媒介复制业	105.3	104.9	104.9	104.5	102.1	101.9
文教、工美、体育和娱乐用品制造业	101.4	101.7	101.8	101.4	101.1	102.2
石油、煤炭及其他燃料加工业	132.5	135.3	136.8	145.9	146.1	148.5
化学原料和化学制品制造业	122.6	119.9	114.9	115.6	115.5	116.3
医药制造业	101.6	101.4	101.6	101.0	101.3	101.2
化学纤维制造业	105.4	103.3	99.7	101.5	103.6	103.6
橡胶和塑料制品业	103.1	104.4	103.9	103.3	103.7	103.5
非金属矿物制品业	102.2	101.9	102.3	101.3	99.9	100.0
黑色金属冶炼和压延加工业	112.8	113.0	110.2	107.4	102.5	102.6
有色金属冶炼和压延加工业	119.6	114.2	116.0	113.6	110.9	111.1
金属制品业	109.7	108.8	107.6	105.9	104.5	103.8
通用设备制造业	105.7	105.5	105.3	104.1	103.7	103.8
专用设备制造业	99.7	99.1	99.1	98.7	98.2	98.1
汽车制造业	104.4	104.9	102.5	102.3	103.8	103.8
铁路、船舶、航空航天和其他运输设备制造业	99.2	99.7	99.6	100.2	100.2	100.4
电气机械和器材制造业	102.4	102.4	101.1	101.8	102.0	101.8
计算机、通信和其他电子设备制造业	101.1	101.7	101.2	100.9	101.0	98.8
仪器仪表制造业	98.9	98.2	97.3	99.2	100.2	99.9
其他制造业	101.6	102.6	102.3	101.9	103.2	101.4
废弃资源综合利用业	108.7	108.3	108.5	110.9	97.3	94.4
金属制品、机械和设备修理业	101.4	100.0	102.2	102.1	101.1	100.6
电力、热力生产和供应业	103.9	104.5	102.0	103.9	104.0	102.8
燃气生产和供应业	101.0	106.5	115.3	133.2	132.4	131.5
水的生产和供应业	100.5	100.6	99.7	99.7	99.9	100.1

注：本表依据《国民经济行业分类》(GB/T 4754—2011)标准。

3-21 续表

(上年同月=100)

行　　业	7月	8月	9月	10月	11月	12月
煤炭开采和洗选业	131.4	122.7	111.3	101.5	100.9	106.5
黑色金属矿采选业	79.0	75.3	83.2	89.9	91.0	95.3
有色金属矿采选业	112.3	111.1	108.9	108.4	106.1	104.6
非金属矿采选业	107.5	107.1	105.7	104.4	103.2	102.5
农副食品加工业	101.8	102.5	102.9	103.5	103.9	103.9
食品制造业	103.1	102.9	102.3	102.3	102.4	101.9
酒、饮料和精制茶制造业	101.2	101.6	101.7	102.4	102.5	102.7
烟草制品业	103.1	103.1	103.1	103.1	100.0	100.0
纺织业	105.3	102.3	101.4	99.7	98.4	97.6
纺织服装、服饰业	98.0	97.8	97.1	97.4	97.7	97.9
皮革、毛皮、羽毛及其制品和制鞋业	102.0	102.3	102.7	103.7	104.1	104.3
木材加工和木、竹、藤、棕、草制品业	100.6	100.2	100.5	99.8	98.9	98.3
家具制造业	102.1	102.4	101.1	101.6	101.5	100.8
造纸和纸制品业	98.6	98.3	98.5	98.6	98.1	98.1
印刷和记录媒介复制业	100.4	99.9	98.3	98.1	97.7	97.2
文教、工美、体育和娱乐用品制造业	101.5	101.9	102.2	102.1	102.8	103.1
石油、煤炭及其他燃料加工业	146.3	138.0	132.8	127.4	118.6	122.0
化学原料和化学制品制造业	113.4	109.1	102.3	100.7	96.6	96.3
医药制造业	101.0	100.5	100.6	100.8	100.7	100.1
化学纤维制造业	102.2	101.6	101.3	99.2	100.2	101.0
橡胶和塑料制品业	102.6	102.2	101.0	100.0	99.0	99.2
非金属矿物制品业	99.8	100.7	99.4	96.8	97.4	98.2
黑色金属冶炼和压延加工业	93.0	87.0	81.2	78.0	81.3	88.5
有色金属冶炼和压延加工业	108.0	104.9	101.3	97.4	93.7	94.0
金属制品业	102.2	100.3	98.8	97.4	97.1	97.0
通用设备制造业	101.6	101.3	100.9	100.8	99.6	99.9
专用设备制造业	98.3	98.3	98.7	98.8	98.9	99.0
汽车制造业	102.3	98.7	99.6	98.4	98.3	97.4
铁路、船舶、航空航天和其他运输设备制造业	100.4	100.4	100.8	101.4	101.5	101.9
电气机械和器材制造业	100.2	100.1	100.9	100.8	100.6	100.5
计算机、通信和其他电子设备制造业	97.3	96.8	97.4	97.4	97.9	98.5
仪器仪表制造业	99.7	99.6	99.6	99.0	98.8	98.8
其他制造业	101.1	101.8	102.7	103.7	103.6	102.8
废弃资源综合利用业	88.1	90.2	86.9	84.1	88.6	88.0
金属制品、机械和设备修理业	101.2	101.8	102.2	102.7	104.1	104.7
电力、热力生产和供应业	102.4	102.5	106.4	106.9	107.4	105.9
燃气生产和供应业	131.2	128.5	126.0	126.9	123.0	122.1
水的生产和供应业	101.2	103.3	103.6	100.9	105.6	104.6

3-22　农产品生产者价格总指数(1979-2022年)

年　份	农产品生产者价格指数(上年=100)	农产品生产者价格指数(1978年=100)
1979	127.6	127.6
1980	105.4	134.5
1981	107.4	144.4
1982	105.7	152.7
1983	104.2	159.1
1984	104.4	166.1
1985	116.4	193.3
1986	107.5	207.8
1987	114.0	236.9
1988	132.3	313.4
1989	116.7	365.8
1990	93.8	343.1
1991	99.5	341.4
1992	104.3	356.1
1993	113.4	403.8
1994	128.1	517.3
1995	124.8	645.5
1996	102.6	662.3
1997	93.4	618.6
1998	93.1	575.9
1999	89.4	514.9
2000	94.8	488.1
2001	95.9	468.1
2002	98.8	462.5
2003	101.7	470.3
2004	106.8	502.3
2005	103.9	521.9
2006	102.7	536.0
2007	112.6	603.5
2008	110.7	668.1
2009	98.0	654.7
2010	111.5	730.0
2011	113.3	827.1
2012	102.7	849.4
2013	103.0	874.9
2014	100.3	877.5
2015	101.2	888.0
2016	108.3	961.7
2017	98.9	951.1
2018	102.6	975.7
2019	106.9	1043.0
2020	102.3	1067.0
2021	104.5	1115.0
2022	100.8	1124.0

3-23 主要年份农产品生产者价格分类指数

(上年=100)

项　目	2005年	2010年	2015年	2017年	2018年	2020年	2021年	2022年
总指数	**103.9**	**111.5**	**101.2**	**98.9**	**102.6**	**102.3**	**104.5**	**100.8**
种植业产品	**105.1**	**115.3**	**100.8**	**95.9**	**102.6**	**100.1**	**101.9**	**103.2**
谷物	97.6	107.6	106.3	102.1	97.9	102.3	95.6	103.4
早籼稻	95.3	103.3	103.4	102.2	99.8	102.3	100.0	101.1
晚籼稻	96.7	111.2	102.8	107.5	95.1	108.9	103.8	104.2
薯类	106.9	121.9	103.0	86.1	98.5	113.9	104.1	103.5
豆类	97.0	125.1						
大豆	93.4	127.9						
油料	106.3	115.8	101.5	101.4	93.9	102.4	105.2	100.2
烤烟叶	101.7	98.5	103.0	94.6	100.1	97.3	107.7	107.2
蔬菜	107.6	117.4	105.3	86.5	105.0	101.4	104.8	99.3
食用菌(干鲜混合)	103.0	115.7	96.9	105.3	101.0	93.7	95.3	99.5
水果	108.8	115.2	94.8	95.5	104.3	92.8	100.1	105.2
茶叶	101.3	111.5	96.8	106.9	99.2	99.2	104.7	100.6
林业产品	**104.0**	**107.6**	**93.3**	**100.1**	**110.8**	**89.1**	**115.2**	**98.3**
原木	104.7	104.3	98.6	98.3	101.7	88.2	99.6	97.5
竹材	104.1	108.0	87.8	93.2	100.4	95.4	105.9	97.5
牧业(畜产品)	**100.9**	**101.2**	**108.0**	**94.7**	**95.7**	**119.7**	**85.7**	**95.8**
活猪(毛重)	97.4	97.9	111.2	91.8	89.3	151.9	62.9	87.0
家禽(毛重)	104.2	107.0	103.3	99.5	105.8	97	103.4	102.0
渔业	**103.7**	**113.7**	**100.5**	**105.5**	**103.9**	**95.8**	**116.4**	**104.8**
海水养殖产品			100.1	107.9	104.0	94.2	116.1	105.7
海水捕捞产品			100.9	99.9	99.3	105	107.6	108.4
淡水养殖产品			97.4	102.1	107.0	91.1	129.0	95.4

主要指标解释

居民消费价格指数 指反映一定时期内城乡居民所购买的生活消费品价格和服务项目价格变动趋势和程度的相对数，是对城市居民消费价格指数和农村居民消费价格指数进行综合汇总计算的结果。利用居民消费价格指数，可以观察和分析消费品的零售价格和服务价格变动对城乡居民实际生活费支出的影响程度。

城市居民消费价格指数 指反映城市居民家庭所购买的生活消费品价格和服务项目价格变动趋势和程度的相对数。城市居民消费价格指数可以观察和分析消费品的零售价格和服务项目价格变动对职工货币工资的影响，作为研究职工生活和确定工资政策的依据。

农村居民消费价格指数 指反映农村居民家庭所购买的生活消费品价格和服务项目价格变动趋势和程度的相对数。农村居民消费价格指数可以观察农村消费品的零售价格和服务项目价格变动对农村居民生活消费支出的影响，直接反映农民生活水平的实际变化情况，为分析和研究农村居民生活问题提供依据。

商品零售价格指数 指反映城乡商品零售价格变动趋势的一种经济指数。零售物价的调整变动直接影响到城乡居民的生活支出和国家的财政收入，影响居民购买力和市场供需平衡，影响消费与积累的比例。因此，计算零售价格指数，可以从一个侧面对上述经济活动进行观察和分析。

农业生产资料价格指数 指反映一定时期内农业生产资料价格变动趋势和程度的相对数。农业生产资料价格指数分为小农具、饲料、产品畜、役畜、半机械化农具、机械化农具、化学肥料、农药及农药械、农机用油、其他农业生产资料十大类。其编制目的是了解农业生产中物质资料投入价格的变动状况，服务于国民经济核算。1994 年以前，农业生产资料价格指数仅仅是商品零售价格指数的一个类别，此后，从商品零售价格指数中分离出来，单独编制。2021 年起，取消了农业生产资料价格指数的编制。

工业生产者出厂价格指数 是反映一定时期内全部工业产品出厂价格总水平的变动趋势和程度的相对数，包括工业企业售给本企业以外所有单位的各种产品和直接售给居民用于生活消费的产品。该指数从生产角度反映工业品价格变动，通过它可以观察轻工业与重工业、生产资料与生活资料及各部门、各工业行业产品价格的变动趋势和变动幅度，消除价格变动因素，真实反映工业产品实际价值量。

工业生产者购进价格指数 是反映一定时期内工业企业所购进的原材料和能源价格变动幅度的相对数。它反映了企业成本的变动，往往预示了工业生产者出厂价格乃至消费价格水平的变动趋势。通过它可以观察工业企业购进九大类原材料和能源价格变动趋势和变动幅度及其对生产成本、效益的影响程度。

固定资产投资价格指数 是反映固定资产投资价格在一定时期内变动幅度的相对数。通过它可以观察建筑安装工程（含材料费、人工费等项目）、设备工器具购置费和其他费用等方面的价格变动趋势和变动幅度，消除按现价计算的固定资产投资指标中的价格变动因素，反映固定资产投资的真实规模、速度、结构和效益。

房地产价格指数 是反映一定时期内房地产价格变动趋势和程度的相对数，包括住宅销售价格指数、住宅租赁价格指数、土地交易价格指数和物业管理价格指数。通过他们可以观察土地交易、住宅销售、住宅租赁、物业管理等方面价格的变动趋势和变动幅度，消除按现价计算的房地产投资中的价格变动因素，反映房地产投资的真实规模、速度和结构。

农产品生产者价格指数 是反映一定时期内，农产品生产者出售农产品价格水平变动趋势及幅度的相对数。该指数可以客观反映全国农产品生产价格水平和结构变动情况，满足农业与国民经济核算需要。其中某代表品生产价格指数是通过对全部有出售该产品行为的调查单位的个体指数进行几何平均求得的，类价格指数是通过对其所属的类（或代表品）的价格指数进行加权平均求得的。季度累计价格指数的计算方法与分季指数的计算方法相同。

四 农村调查

资料整理：唐洪民　郑骁喆　郭宏杨　林　丹　陈　汇

简 要 说 明

一、本篇资料的主要内容及统计范围

本篇资料反映粮食和畜禽生产的基本情况。内容主要包括全省分季分品种、各市县粮食播种面积和产量、主要畜禽生产情况。

农业统计调查范围包括全部农业生产经营户，各市、县（区）所属的各种经济组织类型、各个系统的全部农业生产单位和非农行业单位附属的农业生产活动单位，以及所经营的农作物种植地块、养殖场、牧场等。军委系统的农业生产（除军马外）也应包括在内，但不包括农业科学试验机构进行的农业生产。

1. 粮食：包括稻谷、甘薯、马铃薯、大豆及其他粮食。

2. 畜禽：主要包括猪、牛、羊、禽等。

二、本篇的资料来源及统计调查方法

1. 粮食生产、畜牧业分别由国家统计局福建调查总队农业调查处、农村调查处根据《农林牧渔业统计报表制度》中农产量、畜牧业统计调查的有关资料整理提供。

2.《农林牧渔业统计报表制度》中的稻谷、生猪、家禽等粮食、畜禽主要品种实行以省为总体的抽样调查，并对县级稻谷实行以县为总体的抽样调查，其他粮食、畜禽小品种数据来自农业全面统计报表。

4-1 粮食播种面积与产量(1978-2022年)

单位：万吨

年份	粮食播种面积		粮食产量	稻谷播种面积		稻谷产量	甘薯产量	马铃薯产量
	万亩	千公顷		万亩	千公顷			
1978	3319.70	2213.13	744.90	2533.70	1689.13	618.69	83.19	
1979	3224.31	2149.54	782.50	2505.20	1670.13	648.50	81.69	
1980	3263.33	2175.55	801.90	2510.80	1673.87	669.25	81.97	
1981	3206.27	2137.51	809.83	2476.16	1650.77	680.80	93.73	
1982	3125.31	2083.54	848.29	2419.78	1613.19	715.80	91.70	
1983	3013.49	2008.99	857.78	2426.98	1617.99	755.88	79.70	
1984	3025.56	2017.04	850.26	2380.77	1587.18	730.95	83.45	
1985	2832.74	1888.49	794.40	2215.83	1477.22	681.10	80.51	
1986	2846.58	1897.72	751.49	2226.92	1484.61	654.95	66.11	
1987	2942.30	1961.53	839.26	2240.54	1493.69	715.80	82.39	
1988	2942.93	1961.95	837.43	2224.88	1483.25	687.74	78.45	
1989	3068.01	2045.34	884.57	2263.83	1509.22	744.36	86.75	6.67
1990	3120.86	2080.57	879.64	2268.45	1512.30	731.24	88.46	10.06
1991	3130.85	2087.23	889.65	2238.76	1492.51	725.66	99.47	11.44
1992	3127.58	2085.05	897.08	2215.46	1476.97	732.96	103.94	12.56
1993	2950.82	1967.21	869.00	2074.68	1383.12	694.47	107.44	14.22
1994	3003.38	2002.25	887.40	2103.90	1402.60	699.17	117.33	16.12
1995	3026.03	2017.35	919.93	2109.38	1406.25	724.92	120.98	18.85
1996	3047.78	2031.85	952.20	2107.78	1405.19	743.34	129.26	21.92
1997	3061.94	2041.29	961.78	2102.29	1401.53	739.24	135.63	26.25
1998	3042.96	2028.64	958.11	2081.92	1387.95	728.81	140.39	28.18
1999	3014.28	2009.52	942.17	2059.81	1373.21	712.28	139.11	29.99
2000	2742.76	1828.51	854.68	1833.46	1222.31	632.75	136.81	29.04
2001	2588.58	1725.72	817.28	1734.85	1156.57	606.80	131.13	28.06
2002	2445.42	1630.28	763.23	1624.49	1082.99	557.52	128.66	27.97
2003	2136.60	1424.40	695.04	1436.84	957.89	520.89	108.45	27.13
2004	2084.67	1389.77	699.50	1463.32	975.54	540.32	99.61	26.48
2005	1962.61	1308.41	662.04	1406.67	937.78	518.91	88.20	25.55
2006	1840.40	1226.94	632.90	1335.96	890.64	499.00	83.00	21.60
2007	1740.36	1160.24	615.66	1277.44	851.62	491.15	76.98	20.10
2008	1694.14	1129.43	612.97	1241.56	827.71	489.01	75.72	19.78
2009	1664.63	1109.75	607.61	1221.94	814.63	485.55	73.48	21.21
2010	1609.75	1073.17	584.65	1184.39	789.59	469.18	69.79	19.75
2011	1548.10	1032.07	576.13	1148.23	765.49	465.58	65.41	19.71
2012	1464.23	976.15	547.33	1102.05	734.70	447.22	57.00	18.07
2013	1415.56	943.71	534.68	1067.23	711.48	436.91	55.68	17.83
2014	1362.57	908.38	520.43	1029.60	686.40	424.10	54.80	17.93
2015	1311.30	874.20	500.05	989.87	659.92	405.69	52.37	18.34
2016	1249.24	832.83	477.28	946.35	630.90	386.61	49.85	18.45
2017	1249.83	833.22	487.15	942.88	628.59	393.19	52.08	18.83
2018	1250.27	833.51	498.58	929.41	619.61	398.31	55.39	19.69
2019	1233.65	822.43	493.90	898.85	599.23	388.79	57.89	20.88
2020	1251.65	834.43	502.32	902.58	601.72	391.75	60.66	21.49
2021	1252.70	835.13	506.42	899.03	599.35	393.18	62.72	21.34
2022	1256.42	837.62	508.70	899.17	599.45	393.75	63.95	21.24

注：1989年起，稻谷产量为抽样调查数，非稻谷产量为全面统计数。

4-2 主要年份分季分品种粮食播种面积与产量

指标	2005年		2010年		2015年	
	播种面积(万亩)	产量(万吨)	播种面积(万亩)	产量(万吨)	播种面积(万亩)	产量(万吨)
合　计	**1962.61**	**662.04**	**1609.75**	**584.65**	**1311.30**	**500.05**
按收获季节分						
春收粮食	152.28	35.46				
夏收粮食	483.33	158.45				
秋收粮食	1327.00	468.12				
按品种分						
稻谷	1406.67	518.91	1184.39	469.18	989.87	405.69
早稻	401.92	146.33	288.21	111.11	225.95	91.28
中稻	443.87	173.12	429.56	178.15	382.12	159.26
晚稻	560.88	199.46	466.62	179.92	381.80	155.15
甘薯	280.99	88.20	204.67	69.79	143.76	52.37
马铃薯	88.31	25.55	86.37	19.75	70.10	18.34
大豆	128.63	12.38	64.48	10.16	46.49	8.11
其他粮食	58.01	17.00	69.84	15.77	61.08	15.54

注：本表中稻不含一季晚稻，晚稻包含一季晚稻和双季晚稻。

4-2 续表 1

指标	2016年		2017年		2018年	
	播种面积(万亩)	产量(万吨)	播种面积(万亩)	产量(万吨)	播种面积(万亩)	产量(万吨)
合　计	**1249.24**	**477.28**	**1249.83**	**487.15**	**1250.27**	**498.58**
按收获季节分						
春收粮食						
夏收粮食						
秋收粮食						
按品种分						
稻谷	946.35	386.61	942.88	393.19	929.41	398.31
早稻	208.58	83.80	177.83	72.75	158.22	67.06
中稻	371.11	154.29	385.05	163.29	394.06	171.98
晚稻	366.66	148.51	380.00	157.15	377.12	159.27
甘薯	134.78	49.85	137.16	52.08	143.22	55.39
马铃薯	67.98	18.45	68.35	18.83	70.33	19.69
大豆	43.05	7.65	43.47	7.82	46.59	8.62
其他粮食	57.08	14.72	57.97	15.23	60.72	16.58

4-2 续表 2

指标	2019年		2020年		2021年		2022年	
	播种面积(万亩)	产量(万吨)	播种面积(万亩)	产量(万吨)	播种面积(万亩)	产量(万吨)	播种面积(万亩)	产量(万吨)
合　计	**1233.65**	**493.90**	**1251.65**	**502.32**	**1252.70**	**506.42**	**1256.42**	**508.70**
按收获季节分								
春收粮食	79.87	23.05	83.00	24.25	82.80	24.39	83.18	24.57
夏收粮食	204.63	75.78	208.30	77.26	207.93	77.33	208.71	77.09
秋收粮食	949.16	395.07	960.34	400.81	961.97	404.71	964.54	407.04
按品种分								
稻谷	898.85	388.79	902.58	391.75	899.03	393.18	899.17	393.75
早稻	146.04	61.59	146.55	62.16	145.55	61.89	146.09	61.62
中稻	385.04	169.38	387.64	171.16	387.15	172.12	378.48	169.05
晚稻	367.78	157.81	368.38	158.42	366.33	159.17	374.61	163.07
甘薯	148.90	57.89	154.36	60.66	158.16	62.72	159.97	63.95
马铃薯	73.84	20.88	74.94	21.49	74.01	21.34	73.87	21.24
大豆	49.11	9.07	51.54	9.47	51.86	9.62	52.73	9.93
其他粮食	62.94	17.28	68.24	18.95	69.63	19.56	70.69	19.84

4-3 主要年份畜禽生产情况

项　目	单位	2005年	2010年	2015年	2016年	2017年
生猪年末存栏数	万头	1249.83	1348.45	1214.56	1136.37	921.80
#能繁母猪年末存栏数	万头	97.97	133.05	126.01	118.46	89.45
牛年末存栏数	万头	75.63	49.70	30.98	28.13	32.65
羊年末存栏数	万只	93.56	94.43	97.98	95.32	89.03
家禽年末存栏数	万只	9937.04	9369.41	16037.34	15823.58	18559.28
家兔年末存栏数	万只	822.67	658.06	472.54	421.35	410.28
养蜂年末箱数	万箱	35.32	36.26	48.63	46.01	50.72
出栏肉猪	万头	1881.92	2080.38	1945.47	1988.59	1606.10
出栏肉用牛	万头	21.60	16.80	15.36	14.79	15.97
出栏肉用羊	万只	107.00	118.47	130.59	133.75	138.29
出栏肉用禽	万只	19140.51	23662.83	72484.25	83289.20	91460.58
出栏肉用兔	万只	1559.27	1321.13	963.98	859.02	849.98
肉类总产量	万吨	164.85	192.61	258.94	279.97	264.91
#猪　肉	万吨	134.69	155.36	153.26	157.19	128.37
牛　肉	万吨	2.17	1.69	1.62	1.57	1.72
羊　肉	万吨	1.45	1.62	1.81	1.88	1.94
禽　肉	万吨	24.57	31.44	100.34	117.47	130.82
兔　肉	万吨	1.97	1.85	1.41	1.27	1.27
奶类产量	万吨	19.10	13.24	12.95	13.36	13.54
禽蛋产量	万吨	37.91	30.54	35.77	40.65	46.50
肉蛋奶总产量	万吨	221.87	236.39	307.65	333.98	324.94
蜂蜜产量	万吨	0.85	0.86	1.36	1.41	1.45
蚕茧产量	吨	69.00	41.00			
蜂　蜡	吨	325.00	317.00	432.00	458.00	518.00

注：本表猪、禽各指标为抽样调查数，其余为全面统计数。
2020年和2019年,家禽年末存栏包括鸡、鸭、鹅等主要家禽存栏，肉用禽出栏包括鸡、鸭、鹅等主要家禽出栏；禽蛋产量包括鸡蛋、鸭蛋、鹅蛋等主要禽蛋产量。
依据第三次全国农业普查结果，福建省统计局对2005年至2016年的主要畜牧业生产数据进行了修订。

4-3 续表

项目	单位	2018年	2019年	2020年	2021年	2022年
生猪年末存栏数	万头	799.90	641.52	910.90	937.62	956.76
#能繁母猪年末存栏数	万头	74.50	60.34	92.77	94.98	99.07
牛年末存栏数	万头	30.92	29.71	31.64	31.50	33.12
羊年末存栏数	万只	95.32	105.69	105.90	105.17	105.85
家禽年末存栏数	万只	16908.84	19451.55	20700.94	21268.62	21111.51
家兔年末存栏数	万只	455.81	506.02	565.15	570.00	597.62
养蜂年末箱数	万箱	51.78	54.02	56.88	61.65	67.93
出栏肉猪	万头	1421.34	1297.26	1299.86	1547.59	1614.13
出栏肉用牛	万头	17.87	19.57	22.07	22.90	23.95
出栏肉用羊	万只	144.28	155.86	159.06	159.69	160.92
出栏肉用禽	万只	95537.65	99437.77	103102.07	107742.37	111561.61
出栏肉用兔	万只	937.77	1066.87	1125.86	1244.29	1321.57
肉类总产量	万吨	256.06	255.15	259.39	286.54	296.30
#猪　肉	万吨	113.12	103.03	103.75	124.34	128.07
牛　肉	万吨	1.94	2.14	2.46	2.56	2.69
羊　肉	万吨	2.04	2.22	2.28	2.30	2.33
禽　肉	万吨	136.76	141.87	146.56	152.85	158.64
兔　肉	万吨	1.41	1.62	1.78	1.92	2.05
奶类产量	万吨	14.31	14.99	17.48	19.97	22.05
禽蛋产量	万吨	44.32	48.58	53.66	55.91	59.83
肉蛋奶总产量	万吨	314.69	318.72	330.88	363.38	379.15
蜂蜜产量	万吨	1.58	1.65	1.74	1.79	1.83
蚕茧产量	吨					
蜂　蜡	吨	590	595	578.69	619.39	605.74

主要统计指标解释

粮食作物 指一般用作人类主食，种植在耕地或非耕地上的农作物。根据我国产品目录分类标准，粮食包括谷物、豆类、薯类。

粮食作物播种面积 指本年度内收获的粮食作物在全部土地（耕地或非耕地）上的播种或移植面积。凡是本年内收获的作物，无论是本年还是上年播种，都算为当年播种面积，但不包括本年播种，下年收获的作物面积。移植的作物面积按移植后的面积计算，不计算移植前的秧田面积。如果因灾害等原因，应该收获却未能收获，也要按原播种面积计算，新补或改种，并在本年收获的，也要按复种作物计算面积。间种、混种的作物面积按比例折算各个作物的面积，如果完全混合、同步生长、收获的作物，按混合面积平均分配。复种、套种的作物，按次数计算面积，每种一次计算一次。再生稻、再生高粱等，因其没有经过播种或移植，不计入播种面积。

粮食作物产量 指全社会的产量。包括全民所有制经营的，集体统一经营的和农民家庭经营的粮食产量，还包括工矿企业家属办的农场和其他生产单位产量。粮食除包括稻谷、小麦、玉米、高粱、谷子及其他杂粮外，还包括薯类和大豆。其产量计算方法，豆类按去豆荚后的干豆计算；薯类（包括甘薯和马铃薯，不包括芋头和木薯）1963 年以前按每 4 公斤鲜薯折 1 公斤粮食计算，从 1964 年开始及以后改为按 5 公斤鲜薯折 1 公斤粮食计算。其他粮食一律按脱粒后的原粮计算。

谷物 指禾本科和蓼科作物，具体统计品种包括稻谷、小麦、玉米、和其他谷物；其他谷物包括谷子、高粱、大麦、燕麦、荞麦等。

稻谷 按生产季节分为早稻、中稻和晚稻。其中晚稻包括一季晚稻和双季晚稻。一季晚稻是指其前作是非稻作物的单季晚稻。双季晚稻仅指与早稻连作的稻谷。

豆类 是以食用种籽及其制成品为主的一类豆科植物，包括大豆、绿豆、红小豆和其他杂豆，不含豇豆、四季豆等菜用豆类。

薯类 包括甘薯、马铃薯等。甘薯又名番薯、红薯、地瓜等，马铃薯又名土豆、洋芋等。薯类产量目前只统计甘薯和马铃薯。

期初（末）畜禽存栏头（只数） 指调查日期（通常指年末、季末、月末）实际存在的各类畜禽头（只）数。除科学研究单位专门用于试验研究的牲畜和军马以外，不分大小、公母、品种、用途一率包括在内。

能繁殖母猪 指猪龄约在 9 个月（包括 9 个月）以上的、具备繁殖能力的母猪。

当年出栏的畜禽数 指当年（报告期内）已育肥出售进入屠宰环节和自食的全部畜禽数，包括淘汰的和因伤死亡后进入屠宰环节的耕牛、肉牛、奶牛和羊。不包括仔猪、牛犊、羊羔、禽苗、幼兔出售后进行二次育肥的数量。

家禽种类主要包括鸡、鸭、鹅三个种类。

肉类总产量 指当年出栏并已屠宰的畜禽肉产量。猪、牛、羊、马、驴、骡、骆驼肉产量按去掉头蹄下水后带骨肉的胴体重量计算，兔禽头产量按屠宰后去皮毛和内脏后的重量计算。

肉类总产量＝牛肉＋马肉＋驴肉＋骡肉＋骆驼肉＋猪肉＋羊肉＋主要禽肉＋其他禽肉+兔肉+其他

禽蛋产量 指本调查期内饲养的蛋用家禽生产的禽蛋总重量。包括出售的和农民自产自用的部分。品种主要为鸡鸭鹅，不包括其他禽蛋产量（如鸽子蛋、鹌鹑蛋等）。

奶类产量 指本调查期内牛、羊和其他大牲畜（如马奶、骆驼奶等）所生产的奶产量，牛犊、羊羔等直接吮食的部分不统计产量。

奶类产量＝牛奶＋羊奶＋其他奶

肉蛋奶总产量=肉类产量+禽蛋产量+其他禽蛋产量+奶类产量

蚕茧产量 指本年度内生产的全部蚕茧产量，无论自用的或出售的，都应计算在内。在计算产量时，要把土茧、改良茧和种茧包括在内，桑蚕茧、柞蚕茧均按鲜茧计算，木薯茧和蓖麻茧等的产量均按茧壳的重量计算。

五 市县调查主要指标

资料整理：唐洪民　陈　思　郑骁喆　郭宏杨
林　丹　陈　汇　何晓莉

5-1 市县粮食播种面积与产量(2022年)

地区	粮食播种面积		稻谷		粮食产量(吨)	稻谷
	亩	公顷	亩	公顷		
全 省	**12564229**	**837615**	**8991735**	**599449**	**5087009**	**3937474**
福 州 市	**1300169**	**86678**	**590382**	**39359**	**493636**	**240980**
福州市辖区	186614	12441	83504	5567	76302	32880
鼓楼区						
台江区						
仓山区						
马尾区	4257	284	2016	134	1512	793
晋安区	8775	585	1571	105	4039	622
长乐区	173582	11572	79917	5328	70751	31465
福清市	285711	19047	101520	6768	108573	40803
闽侯县	166517	11101	74973	4998	59180	31545
连江县	108310	7221	64811	4321	42708	26939
罗源县	94421	6295	47339	3156	35011	18942
闽清县	143798	9587	96020	6401	54779	40453
永泰县	259494	17300	122141	8143	98062	49392
平潭县	55304	3687	74	5	19021	26
厦 门 市	**62061**	**4137**	**29236**	**1949**	**25739**	**12104**
厦门市辖区	62061	4137	29236	1949	25739	12104
思明区						
海沧区	1176	78	641	43	411	266
湖里区						
集美区	3472	231	2256	150	1399	949
同安区	32823	2188	20265	1351	13167	8369
翔安区	24590	1639	6074	405	10762	2520
莆 田 市	**461741**	**30783**	**258536**	**17236**	**187731**	**113497**
莆田市辖区	256583	17106	104539	6969	102808	45024
城厢区	29291	1953	15364	1024	11354	6459
涵江区	56888	3793	41186	2746	23667	17953
荔城区	62612	4174	34455	2297	24945	14922
秀屿区	107792	7186	13534	902	42842	5690
仙游县	205158	13677	153997	10266	84923	68473
三 明 市	**2423019**	**161535**	**1774818**	**118321**	**953853**	**775970**
三明市辖区	221604	14774	176868	11791	94096	77234
三元区	45655	3044	31515	2101	18962	14052
沙县区	175949	11730	145353	9690	75134	63182
永安市	162813	10854	121433	8096	66172	53594
明溪县	214711	14314	134219	8948	80822	57003
清流县	223596	14906	139896	9326	81033	59573
宁化县	478027	31868	315640	21043	179570	140235
大田县	248441	16563	144339	9623	89613	62757
尤溪县	336392	22426	259901	17327	136498	115439
将乐县	181947	12130	160080	10672	77458	70017
泰宁县	145267	9684	123927	8262	58278	53014
建宁县	210221	14015	198515	13234	90313	87104
泉 州 市	**1313654**	**87577**	**826452**	**55097**	**508403**	**340003**
泉州市辖区	60259	4017	22340	1489	23930	9714
鲤城区	656	44			255	
丰泽区	851	57	113	8	295	48
洛江区	28311	1887	11803	787	11680	5088
泉港区	30441	2029	10424	695	11700	4578

5-1 续表

地区	粮食播种面积				粮食产量(吨)	
			稻谷			稻谷
	亩	公顷	亩	公顷		
石狮市	16899	1127	1560	104	5340	689
晋江市	53773	3585	9073	605	24377	3906
南安市	388143	25876	332137	22142	152762	132947
惠安县	165046	11003	45322	3021	56843	18160
安溪县	274106	18274	143900	9593	93810	55628
永春县	217092	14473	173689	11579	90000	73480
德化县	138336	9222	98431	6562	61341	45479
漳州市	**928274**	**61885**	**695085**	**46339**	**420144**	**317111**
漳州市辖区	214254	14284	136369	9091	94989	61561
芗城区	9324	622	4272	285	3257	1755
龙文区	987	66	52	3	463	27
龙海区	113336	7556	85169	5678	52098	39617
长泰区	90607	6040	46876	3125	39171	20162
云霄县	107155	7144	91624	6108	49009	41814
漳浦县	240113	16008	171060	11404	114295	82876
诏安县	157157	10477	131396	8760	72662	60834
东山县	21743	1450	250	17	9560	99
南靖县	88587	5906	82461	5497	38179	36132
平和县	59716	3981	51084	3406	23590	20324
华安县	39549	2637	30841	2056	17860	13471
南平市	**2811654**	**187444**	**2262336**	**150822**	**1184907**	**1022315**
南平市辖区	622104	41474	539142	35943	268065	243406
延平区	148065	9871	119905	7994	59012	51656
建阳区	474039	31603	419237	27949	209053	191750
邵武市	471757	31450	334738	22316	182402	147109
武夷山市	224951	14997	188854	12590	98975	88164
建瓯市	502880	33525	335635	22376	211943	154721
顺昌县	120206	8014	103184	6879	47080	42746
浦城县	477353	31824	425771	28385	211865	199770
光泽县	151648	10110	142341	9489	63428	60863
松溪县	119391	7959	100611	6707	51152	45970
政和县	121364	8091	92060	6137	49997	39566
龙岩市	**1913785**	**127586**	**1684818**	**112321**	**831556**	**749986**
龙岩市辖区	357982	23865	326950	21797	152496	141039
新罗区	117765	7851	99714	6648	50977	44284
永定区	240217	16014	227236	15149	101519	96755
漳平市	141335	9422	126382	8425	61671	57318
长汀县	382630	25509	326834	21789	172921	154197
上杭县	365537	24369	324616	21641	159046	147539
武平县	360390	24026	348407	23227	156059	151850
连城县	305911	20394	231629	15442	129363	98043
宁德市	**1349872**	**89991**	**870072**	**58005**	**481040**	**365508**
宁德市辖区	79524	5302	49166	3278	27170	21289
蕉城区	79524	5302	49166	3278	27170	21289
福安市	240080	16005	114337	7622	77552	48306
福鼎市	194362	12957	84888	5659	64646	36841
霞浦县	127560	8504	59349	3957	43180	26224
古田县	292275	19485	257840	17189	114847	106596
屏南县	119264	7951	102186	6812	47375	42714
寿宁县	154898	10327	90065	6004	53555	37613
周宁县	74106	4940	55244	3683	27775	23468
柘荣县	67803	4520	56997	3800	24940	22457

5-2 市县稻谷播种面积与产量(2022年)

地 区	稻谷播种面积		早 稻		中 稻		晚 稻		稻 谷 总产量 (吨)	早稻	中稻	晚稻
	亩	公顷	亩	公顷	亩	公顷	亩	公顷				
全 省	**8991735**	**599449**	**1460901**	**97393**	**3784781**	**252319**	**3746053**	**249737**	**3937474**	**616198**	**1690540**	**1630736**
福 州 市	**590382**	**39359**	**111028**	**7402**	**309339**	**20623**	**170015**	**11334**	**240980**	**43589**	**128175**	**69216**
福州市辖区	83504	5567	33481	2232	1571	105	48452	3230	32880	12853	622	19405
鼓楼区												
台江区												
仓山区												
马尾区	2016	134	586	39			1430	95	793	217		576
晋安区	1571	105			1571	105			622		622	
长乐区	79917	5328	32895	2193			47022	3135	31465	12636		18829
福清市	101520	6768	55339	3689			46181	3079	40803	22431		18372
闽侯县	74973	4998	7296	486	52474	3498	15203	1014	31545	2726	22328	6491
连江县	64811	4321	8270	551	31506	2100	25035	1669	26939	3166	12932	10841
罗源县	47339	3156			42899	2860	4440	296	18942		17196	1746
闽清县	96020	6401	4085	272	71346	4756	20589	1373	40453	1388	30590	8475
永泰县	122141	8143	2557	170	109469	7298	10115	674	49392	1025	44481	3886
平潭县	74	5			74	5			26		26	
厦 门 市	**29236**	**1949**	**20007**	**1334**			**9229**	**615**	**12104**	**8235**		**3869**
厦门市辖区	29236	1949	20007	1334			9229	615	12104	8235		3869
思明区												
海沧区	641	43	402	27			239	16	266	168		98
湖里区												
集美区	2256	150	1005	67			1251	83	949	421		528
同安区	20265	1351	12883	859			7382	492	8369	5276		3093
翔安区	6074	405	5717	381			357	24	2520	2370		150
莆 田 市	**258536**	**17236**	**124713**	**8314**	**59172**	**3945**	**74651**	**4977**	**113497**	**55410**	**27684**	**30403**
莆田市辖区	104539	6969	66075	4405	17178	1145	21286	1419	45024	28775	7789	8460
城厢区	15364	1024	10738	716			4626	308	6459	4660		1799
涵江区	41186	2746	16180	1079	17178	1145	7828	522	17953	7043	7789	3121
荔城区	34455	2297	30724	2048			3731	249	14922	13429		1493
秀屿区	13534	902	8433	562			5101	340	5690	3643		2047
仙游县	153997	10266	58638	3909	41994	2800	53365	3558	68473	26635	19895	21943
三 明 市	**1774818**	**118321**	**75638**	**5043**	**677102**	**45140**	**1022078**	**68139**	**775970**	**29816**	**298134**	**448020**
三明市辖区	176868	11791	13608	907	56791	3786	106469	7098	77234	5608	24639	46987
三元区	31515	2101	170	11	17073	1138	14272	951	14052	74	7370	6608
沙县区	145353	9690	13438	896	39718	2648	92197	6146	63182	5534	17269	40379
永安市	121433	8096	10331	689	48513	3234	62589	4173	53594	4297	21157	28140
明溪县	134219	8948	368	25	90018	6001	43833	2922	57003	146	38951	17906
清流县	139896	9326	14253	950	34418	2295	91225	6082	59573	5288	15240	39045
宁化县	315640	21043	7803	520	135584	9039	172253	11484	140235	3163	59603	77469
大田县	144339	9623	1827	122	28638	1909	113874	7592	62757	770	12392	49595
尤溪县	259901	17327	6144	410	171098	11407	82659	5511	115439	2536	77613	35290
将乐县	160080	10672	1372	91	95128	6342	63580	4239	70017	467	41285	28265
泰宁县	123927	8262	620	41	16914	1128	106393	7093	53014	231	7254	45529
建宁县	198515	13234	19312	1287			179203	11947	87104	7310		79794
泉 州 市	**826452**	**55097**	**307991**	**20533**	**209513**	**13968**	**308948**	**20597**	**340003**	**123590**	**93148**	**123265**
泉州市辖区	22340	1489	12678	845			9662	644	9714	4988		4726
鲤城区												
丰泽区	113	8	70	5			43	3	48	27		21
洛江区	11803	787	7152	477			4651	310	5088	2814		2274
泉港区	10424	695	5456	364			4968	331	4578	2147		2431

5-2 续表

地区	稻谷播种面积		早稻		中稻		晚稻		稻谷总产量(吨)	早稻	中稻	晚稻
	亩	公顷	亩	公顷	亩	公顷	亩	公顷				
石狮市	1560	104	868	58			692	46	689	396		293
晋江市	9073	605	4630	309			4443	296	3906	2032		1874
南安市	332137	22142	158812	10587	2685	179	170640	11376	132947	63552	1058	68337
惠安县	45322	3021	23309	1554			22013	1468	18160	9376		8784
安溪县	143900	9593	50653	3377	43561	2904	49686	3312	55628	19399	17176	19053
永春县	173689	11579	55182	3679	67757	4517	50750	3383	73480	23105	30594	19781
德化县	98431	6562	1859	124	95510	6367	1062	71	45479	742	44320	417
漳州市	**695085**	**46339**	**346797**	**23120**	**49323**	**3288**	**298965**	**19931**	**317111**	**161140**	**22405**	**133566**
漳州市辖区	136369	9091	71303	4754	4778	319	60288	4019	61561	34336	2008	25217
芗城区	4272	285	2186	146			2086	139	1755	927		828
龙文区	52	3	3	0			49	3	27	2		25
龙海区	85169	5678	51230	3415			33939	2263	39617	25446		14171
长泰区	46876	3125	17884	1192	4778	319	24214	1614	20162	7961	2008	10193
云霄县	91624	6108	47153	3144			44471	2965	41814	21299		20515
漳浦县	171060	11404	99925	6662			71135	4742	82876	50233		32643
诏安县	131396	8760	70101	4673			61295	4086	60834	31889		28945
东山县	250	17	190	13			60	4	99	76		23
南靖县	82461	5497	24757	1650	36991	2466	20713	1381	36132	10536	16965	8631
平和县	51084	3406	23730	1582			27354	1824	20324	8760		11564
华安县	30841	2056	9638	643	7554	504	13649	910	13471	4011	3432	6028
南平市	**2262336**	**150822**	**66349**	**4423**	**1333156**	**88877**	**862831**	**57522**	**1022315**	**26636**	**616422**	**379257**
南平市辖区	539142	35943	22723	1515	236514	15768	279905	18660	243406	10017	108601	124788
延平区	119905	7994	1408	94	60949	4063	57548	3837	51656	482	26647	24527
建阳区	419237	27949	21315	1421	175565	11704	222357	14824	191750	9535	81954	100261
邵武市	334738	22316	29432	1962	165208	11014	140098	9340	147109	10887	78102	58120
武夷山市	188854	12590			140110	9341	48744	3250	88164		66731	21433
建瓯市	335635	22376	8495	566	183235	12216	143905	9594	154721	3502	87037	64182
顺昌县	103184	6879	1456	97	65745	4383	35983	2399	42746	504	27021	15221
浦城县	425771	28385	2200	147	305688	20379	117883	7859	199770	980	145507	53283
光泽县	142341	9489	1111	74	99880	6659	41350	2757	60863	385	42449	18029
松溪县	100611	6707	695	46	57123	3808	42793	2853	45970	265	26761	18944
政和县	92060	6137	237	16	79653	5310	12170	811	39566	96	34213	5257
龙岩市	**1684818**	**112321**	**394032**	**26269**	**321959**	**21464**	**968827**	**64588**	**749986**	**162525**	**156076**	**431385**
龙岩市辖区	326950	21797	55819	3721	77906	5194	193225	12882	141039	22739	36804	81496
新罗区	99714	6648	21158	1411	39223	2615	39333	2622	44284	8690	19113	16481
永定区	227236	15149	34661	2311	38683	2579	153892	10259	96755	14049	17691	65015
漳平市	126382	8425	19794	1320	49619	3308	56969	3798	57318	8296	24738	24284
长汀县	326834	21789	89053	5937	23558	1571	214223	14282	154197	37919	11876	104402
上杭县	324616	21641	82602	5507	49193	3280	192821	12855	147539	34197	24698	88644
武平县	348407	23227	82947	5530	56873	3792	208587	13906	151850	33866	27891	90093
连城县	231629	15442	63817	4254	64810	4321	103002	6867	98043	25508	30069	42466
宁德市	**870072**	**58005**	**14346**	**956**	**825217**	**55014**	**30509**	**2034**	**365508**	**5257**	**348496**	**11755**
宁德市辖区	49166	3278			49166	3278			21289		21289	
蕉城区	49166	3278			49166	3278			21289		21289	
福安市	114337	7622	402	27	104399	6960	9536	636	48306	135	44547	3624
福鼎市	84888	5659	9584	639	66351	4423	8953	597	36841	3527	29858	3456
霞浦县	59349	3957	4360	291	42969	2865	12020	801	26224	1595	19954	4675
古田县	257840	17189			257840	17189			106596		106596	
屏南县	102186	6812			102186	6812			42714		42714	
寿宁县	90065	6004			90065	6004			37613		37613	
周宁县	55244	3683			55244	3683			23468		23468	
柘荣县	56997	3800			56997	3800			22457		22457	

5-3 市县畜禽年末存栏数(2022年)

地区	生猪(头)	#能繁母猪	牛(头)	肉牛	奶牛	役用牛	羊(只)	家禽(只)	家兔(只)
全省	**9567599**	**990674**	**331198**	**187488**	**50157**	**93553**	**1058527**	**211115143**	**5976194**
福州市	**1215283**	**127383**	**44699**	**26190**	**3272**	**15237**	**277447**	**13340219**	**726147**
福州市辖区	160992	15427	6723	5743	144	836	11622	1451556	69000
鼓楼区									
台江区									
仓山区									
马尾区	23577	2100	437	429	8		1674	207702	
晋安区	30941	2859	875	857		18	3011	264758	1216
长乐区	106474	10468	5411	4457	136	818	6937	979096	67784
福清市	417016	46751	9210	5529	2472	1209	56534	2481796	80791
闽侯县	189244	21820	9427	5629	485	3313	62351	3419182	199274
连江县	121860	12372	3859	3798	61		22519	873838	82305
罗源县	72176	6446	6092	2949	27	3116	31858	1144815	115004
闽清县	82065	9139	2490	1668		822	18050	2201380	33181
永泰县	89428	8289	4066		83	3983	64090	1577586	138742
平潭县	82502	7139	2832	874		1958	10423	190066	7850
厦门市	**181215**	**20422**	**6953**	**4694**	**344**	**1915**	**7169**	**1470452**	**6053**
厦门市辖区	181215	20422	6953	4694	344	1915	7169	1470452	6053
思明区									
海沧区			397	381	8	8	2107	173735	663
湖里区									
集美区			515	485	29	1	1177	220400	644
同安区	102229	9316	2755	948	298	1509	1876	768501	4550
翔安区	78986	11106	3286	2880	9	397	2009	307816	196
莆田市	**374809**	**36954**	**6657**	**3751**	**725**	**2181**	**38524**	**9808282**	**83**
莆田市辖区	235036	23410	3155	1529	425	1201	17101	7809977	83
城厢区	46085	5230	10			10	1566	4496742	
涵江区	49830	4131	2193	1149	425	619	5340	775482	
荔城区	70704	7270	380	380			1854	490515	83
秀屿区	68417	6779	572			572	8341	2047238	
仙游县	139773	13544	3502	2222	300	980	21423	1998305	
三明市	**1195110**	**118431**	**37384**	**14504**	**4513**	**18367**	**172361**	**13875084**	**1656345**
三明市辖区	333629	33146	1239	1039		200	14696	2223753	102694
三元区	168985	16181	89	89			2465	703410	26380
沙县区	164644	16965	1150	950		200	12231	1520343	76314
永安市	127248	12570	1488	735		753	11080	2227881	101534
明溪县	53369	5245	1744	1518		226	15241	578624	62818
清流县	79810	7159	14153	4574		9579	29004	1880103	55192
宁化县	105374	10505	6762	1422		5340	13203	941967	23450
大田县	131394	13013	3301	1752		1549	37479	1821499	1254873
尤溪县	202676	20031	1952	1545	4	403	31044	1876937	47861
将乐县	48267	4878	1285	986	91	208	7615	1639422	4283
泰宁县	50435	4926	782	673		109	3919	320700	3640
建宁县	62908	6958	4678	260	4418		9080	364198	
泉州市	**873634**	**96427**	**62662**	**34674**	**2297**	**25691**	**153865**	**20073903**	**351495**
泉州市辖区	96944	8444	5564	3981	146	1437	26079	3248190	7041
鲤城区									
丰泽区			90	37	37	16	707	38070	
洛江区	52332	4160	3973	3185	109	679	9377	1682893	3343
泉港区	44612	4284	1501	759		742	15995	1527227	3698

5-3 续表

地区	生猪(头)	#能繁母猪	牛(头)	肉牛	奶牛	役用牛	羊(只)	家禽(只)	家兔(只)
石狮市			7	7			11	10202	
晋江市	24269	2002	2763	2079	684		6388	577847	22255
南安市	280144	50789	16899	7465	1300	8134	17613	5831850	8873
惠安县	82878	4588	11788	5553		6235	41553	4155244	6893
安溪县	164280	11716	12957	10598	128	2231	21359	3134744	62203
永春县	134471	13314	3786	2500	39	1247	22888	1710188	142723
德化县	90648	5574	8898	2491		6407	17974	1405638	101507
漳州市	**1469464**	**160160**	**42725**	**32255**	**6268**	**4202**	**66707**	**39079841**	**336189**
漳州市辖区	277506	28020	13524	9315	2117	2092	16612	10655166	38053
芗城区	3055	240	2002	976	1026		3498	2832395	1164
龙文区			14	14			62	62963	4800
龙海区	217807	22394	5514	2710	712	2092	7868	3899459	28915
长泰区	56644	5386	5994	5615	379		5184	3860349	3174
云霄县	145856	16379	3857	3857			3669	1019912	200
漳浦县	309215	34870	7461	5930	114	1417	17973	5890858	11000
诏安县	129316	20463	7151	3231	3688	232	4043	2733627	8360
东山县	58555	3518	848	634		214	4887	335538	4798
南靖县	248408	29874	1448	1262	181	5	7218	14467849	65630
平和县	186903	19880	1849	1774	25	50	1595	851916	22376
华安县	113705	7156	6587	6252	143	192	10710	3124975	185772
南平市	**1095839**	**110995**	**46438**	**10712**	**31115**	**4611**	**108398**	**66236874**	**360368**
南平市辖区	515191	53773	26368	1397	24187	784	31176	6897377	80783
延平区	481970	50351	21017	735	20013	269	16992	3631451	67541
建阳区	33221	3422	5351	662	4174	515	14184	3265926	13242
邵武市	84129	9253	4942	4902	37	3	16904	900917	191043
武夷山市	45785	5035	1258	674		584	5363	1034748	7845
建瓯市	156601	16168	3385	528	2826	31	13251	2395963	12856
顺昌县	113575	9673	3219	307	1521	1391	13700	425061	20249
浦城县	114220	11337	4064	1266	2530	268	8971	16008003	17185
光泽县	9448	397	1849	1103	14	732	6289	29028915	
松溪县	11400	920	540	349		191	6612	568298	10056
政和县	45490	4439	813	186		627	6132	8977592	20351
龙岩市	**2365987**	**239922**	**72254**	**52796**	**321**	**19137**	**155731**	**42276298**	**2362534**
龙岩市辖区	943285	91049	11758	10647	40	1071	33859	16280280	321756
新罗区	475217	44675	2599	2520		79	23312	13582178	161625
永定区	468068	46374	9159	8127	40	992	10547	2698102	160131
漳平市	225666	23410	4696	2577		2119	35556	2358909	158048
长汀县	369111	35733	17850	13425		4425	14250	6015702	203650
上杭县	415247	45209	18338	14515	187	3636	33983	10295784	929488
武平县	246778	24500	8110	3177		4933	24668	4305089	318256
连城县	165900	20021	11502	8455	94	2953	13415	3020534	431336
宁德市	**796258**	**79980**	**11426**	**7912**	**1302**	**2212**	**78325**	**4954190**	**176980**
宁德市辖区	104353	9276	1174	1012		162	5612	404164	4658
蕉城区	104353	9276	1174	1012		162	5612	404164	4658
福安市	104741	9008	973	718	113	142	16891	1065982	13360
福鼎市	45292	6159	377	167		210	6992	267936	2693
霞浦县	78389	9742	1940	1224		716	13271	727789	19189
古田县	121704	12021	2879	1919	182	778	11213	962814	61469
屏南县	174115	17846	737	737			6088	495541	13907
寿宁县	65827	6129	1422	1392		30	8206	552829	4706
周宁县	73048	6756	1788	607	1007	174	5924	319312	39894
柘荣县	28789	3043	136	136			4128	157823	17104

5-4 市县畜禽出栏数(2022年)

地 区	生猪 (头)	牛 (头)	羊 (只)	家禽 (只)	家兔 (只)
全 省	**16141327**	**239539**	**1609244**	**1115616110**	**13215653**
福 州 市	**2172866**	**33891**	**463319**	**23501081**	**1413497**
福州市辖区	310762	6363	26575	4269358	168707
鼓楼区					
台江区					
仓山区					
马尾区	40620	158	810	104069	
晋安区	59561	563	5309	810761	2410
长乐区	210581	5642	20456	3354528	166297
福清市	702261	13039	65457	3052171	134812
闽侯县	374601	5362	132435	7576036	435013
连江县	216126	3433	29123	1241349	120634
罗源县	120725	1763	38799	1454128	220768
闽清县	166991	1132	25504	3243847	39200
永泰县	160137	1993	129913	2451514	283177
平潭县	121263	806	15513	212678	11186
厦 门 市	**373691**	**7743**	**9074**	**4540584**	**10531**
厦门市辖区	373691	7743	9074	4540584	10531
思明区					
海沧区		306	1937	348217	696
湖里区					
集美区		807	1822	597892	1467
同安区	187055	3079	2299	2274024	5566
翔安区	186636	3551	3016	1320451	2802
莆 田 市	**578366**	**3150**	**72127**	**35042247**	**5719**
莆田市辖区	388166	1541	36228	26975443	82
城厢区	91205		1970	15483346	
涵江区	93696	1316	8990	2370241	
荔城区	105035	203	3559	1658167	82
秀屿区	98230	22	21709	7463689	
仙游县	190200	1609	35899	8066804	5637
三 明 市	**2091368**	**21184**	**289420**	**36282355**	**3611812**
三明市辖区	597145	1163	24389	6200526	223467
三元区	320920	128	2410	1675659	62860
沙县区	276225	1035	21979	4524867	160607
永安市	213667	1001	20266	7115892	203632
明溪县	94418	3388	26125	1065800	119916
清流县	131541	8911	55608	2069622	133895
宁化县	201611	2612	21295	2738631	45513
大田县	210716	2231	54536	3899692	2801964
尤溪县	353245	826	54048	4802111	61300
将乐县	84890	453	10574	6020323	6255
泰宁县	99742	365	10359	1288171	15870
建宁县	104393	234	12220	1081587	
泉 州 市	**1462659**	**44409**	**248341**	**48024472**	**579778**
泉州市辖区	144840	5360	40929	6139447	14538
鲤城区					
丰泽区		39	551	52344	
洛江区	86669	3702	9779	3132577	3759
泉港区	58171	1619	30599	2954526	10779

5-4 续表

地　区	生猪(头)	牛(头)	羊(只)	家禽(只)	家兔(只)
石狮市		22	31	21071	
晋江市	43240	2792	4064	1453711	21666
南安市	538420	11583	27990	19058342	16917
惠安县	139435	4972	70601	7619915	8785
安溪县	229008	10048	38567	6922167	102242
永春县	229116	3634	42686	3768674	201085
德化县	138600	5998	23473	3041145	214545
漳　州　市	**2407843**	**51677**	**85469**	**152339071**	**512171**
漳州市辖区	440011	11396	23447	33484099	138370
芗城区	6455	1295	4771	10531667	3877
龙文区		29	40	140698	8030
龙海区	345312	4526	12746	14743885	120290
长泰区	88244	5546	5890	8067849	6173
云霄县	288012	4425	5686	2735506	1795
漳浦县	511300	6912	16837	18225984	6800
诏安县	184279	3999	4255	6654818	28755
东山县	68877	547	6643	739082	7110
南靖县	454582	5507	10415	78809959	107291
平和县	258476	5214	1207	3313328	47149
华安县	202306	13677	16979	8376295	174901
南　平　市	**1629737**	**20063**	**152547**	**592249227**	**1330440**
南平市辖区	750930	7991	44202	16622847	206643
延平区	697124	4731	29476	9833378	175376
建阳区	53806	3260	14726	6789469	31267
邵武市	160810	6497	34886	3455917	996138
武夷山市	91181	895	7919	2427462	18017
建瓯市	206663	392	17550	10448196	27819
顺昌县	153503	891	16320	1388614	29053
浦城县	138313	1953	10137	165391837	15465
光泽县	13711	831	8139	321665717	453
松溪县	59070	217	7080	1812200	19730
政和县	55556	396	6314	69036437	17122
龙　岩　市	**4268359**	**51871**	**194164**	**214323570**	**5430804**
龙岩市辖区	1703758	11577	40344	95340122	928290
新罗区	882748	1943	25243	82920169	540020
永定区	821010	9634	15101	12419953	388270
漳平市	385329	1726	38498	5537306	263083
长汀县	645089	6820	17786	19456547	345896
上杭县	778750	14902	49007	56249466	2351416
武平县	437370	4694	25062	23062717	442168
连城县	318063	12152	23467	14677412	1099951
宁　德　市	**1156438**	**5551**	**94783**	**9313503**	**320901**
宁德市辖区	159744	552	6329	626276	9869
蕉城区	159744	552	6329	626276	9869
福安市	163914	746	20129	1873422	50044
福鼎市	73167	424	17903	960688	4826
霞浦县	115334	806	12186	941925	23644
古田县	178174	1642	9214	2449987	124379
屏南县	276234	403	8468	784858	22775
寿宁县	69913	414	7892	946927	9171
周宁县	72666	264	4116	504520	44891
柘荣县	47292	300	8546	224900	31302

5-5 市县主要畜禽产品产量(2022年)

单位：吨

地区	肉蛋奶总产量	#肉类总产量	#猪肉	#牛肉	#羊肉	#禽肉
全　　省	**3791459**	**2962956**	**1280662**	**26911**	**23264**	**1586442**
福 州 市	**352651**	**215118**	**166722**	**3658**	**6441**	**35315**
福州市辖区	56821	34938	26786	644	353	6528
鼓楼区						
台江区						
仓山区						
马尾区	7392	5800	5596	17	16	170
晋安区	9000	7009	5329	62	80	1168
长乐区	40429	22129	15861	564	256	5190
福清市	109478	62579	55152	1430	954	4815
闽侯县	62777	41556	26769	605	1811	11464
连江县	26441	17487	14984	381	388	1519
罗源县	24897	13327	10055	178	547	2192
闽清县	37077	17261	11996	140	349	4710
永泰县	24091	18639	12295	199	1819	3761
平潭县	11070	9331	8684	81	221	325
厦 门 市	**38964**	**36145**	**29231**	**774**	**127**	**5866**
厦门市辖区	38964	36145	29231	774	127	5866
思明区						
海沧区	892	626		31	27	438
湖里区						
集美区	1537	933		81	26	824
同安区	19694	17885	14632	308	32	2905
翔安区	16841	16701	14599	355	42	1699
莆 田 市	**135246**	**97651**	**45693**	**398**	**1001**	**50550**
莆田市辖区	97101	70188	30433	168	500	39087
城厢区	35310	29178	6840		17	22321
涵江区	19487	11043	7408	145	126	3365
荔城区	17865	11203	8420	21	54	2709
秀屿区	24439	18765	7766	2	304	10693
仙游县	38145	27462	15260	230	501	11463
三 明 市	**300914**	**231633**	**164329**	**2318**	**4069**	**54163**
三明市辖区	66069	57155	46920	127	343	9253
三元区	30220	27878	25216	14	34	2501
沙县区	35849	29277	21704	113	309	6752
永安市	34904	28191	16789	110	285	10629
明溪县	13087	9983	7419	371	367	1594
清流县	29800	15402	10336	975	782	3091
宁化县	25759	20719	15842	286	299	4107
大田县	34402	27620	16557	244	766	5821
尤溪县	43373	36709	27756	90	760	7171
将乐县	17422	15855	6670	50	149	8959
泰宁县	11194	9971	7837	40	146	1924
建宁县	24903	10030	8203	26	172	1615
泉 州 市	**294543**	**203739**	**116086**	**4706**	**3714**	**75944**
泉州市辖区	34367	22077	11283	584	605	9540
鲤城区						
丰泽区	304	85		4	8	73
洛江区	15519	11918	6625	407	147	4701
泉港区	18545	10073	4658	173	450	4766

5-5 续表 1

单位：吨

地区	肉蛋奶总产量	#肉类总产量	#猪肉	#牛肉	#羊肉	#禽肉
石狮市	138	27		2		24
晋江市	12403	5946	3397	302	67	2145
南安市	95876	74381	43919	1186	392	28507
惠安县	34021	27708	11131	514	1082	13088
安溪县	46638	30791	17636	1081	596	11314
永春县	47642	25364	17549	387	620	6386
德化县	23457	17444	11171	650	352	4939
漳州市	**543597**	**422025**	**190566**	**6159**	**1308**	**214768**
漳州市辖区	141337	91120	36373	1305	362	45750
芗城区	22696	16664	535	166	71	14340
龙文区	6300	5358		4	1	285
龙海区	70708	50823	28964	531	204	20522
长泰区	41632	18274	6874	605	86	10603
云霄县	29957	28283	22868	549	92	4771
漳浦县	82843	68343	40435	749	248	26475
诏安县	56842	28508	14242	445	70	13543
东山县	8170	7716	5966	68	97	1573
南靖县	151184	143138	36041	652	166	105544
平和县	29772	26250	19867	749	36	5516
华安县	43491	28668	14774	1642	238	11595
南平市	**1240356**	**958684**	**135638**	**2161**	**2168**	**814072**
南平市辖区	263090	88328	61820	918	662	23967
延平区	193559	72567	57607	577	441	13443
建阳区	69531	15760	4213	341	221	10524
邵武市	24977	21092	13128	665	448	4818
武夷山市	20941	12975	7876	103	116	3512
建瓯市	50853	29854	16748	35	267	12766
顺昌县	29240	15068	12970	96	233	1721
浦城县	272585	241696	12845	197	143	228409
光泽县	466861	443600	1104	87	116	442293
松溪县	7837	7236	4586	22	105	2479
政和县	103971	98835	4561	40	76	94108
龙岩市	**741781**	**688706**	**340014**	**6085**	**2981**	**321861**
龙岩市辖区	300437	282907	135683	1307	626	143541
新罗区	205218	193381	70253	194	396	121378
永定区	95219	89526	65430	1113	230	22163
漳平市	46373	39620	30700	215	577	7695
长汀县	89123	84500	51439	818	267	31344
上杭县	166657	160426	61865	1723	842	85370
武平县	77136	68420	34791	526	321	30953
连城县	62055	52834	25536	1496	349	22957
宁德市	**143407**	**109256**	**92384**	**651**	**1454**	**13904**
宁德市辖区	15820	13813	12820	55	94	797
蕉城区	15820	13813	12820	55	94	797
福安市	23681	17125	13123	101	342	3307
福鼎市	9439	7454	5894	45	282	1209
霞浦县	17183	11037	9308	93	174	1391
古田县	22459	18303	14285	174	142	3485
屏南县	26289	23450	22103	47	120	1144
寿宁县	8834	7200	5590	43	108	1438
周宁县	14403	6365	5316	40	67	803
柘荣县	5299	4508	3945	54	125	330

5-5 续表 2

单位：吨

地区				蜂蜜产量	蜂蜡产量	兔毛产量(公斤)
	#兔肉	#禽蛋产量	#奶类产量			
全　　省	**20500**	**598265**	**220521**	**18256**	**606**	**13967**
福　州　市	**2320**	**130032**	**7495**	**2758**	**176**	**28**
福州市辖区	262	20814	1068	356		28
鼓楼区						
台江区						
仓山区						
马尾区		1509	83			
晋安区	4	1716	275	356		28
长乐区	258	17589	710			
福清市	228	41569	5330			
闽侯县	707	20300	921	202		
连江县	214	8933	22	252		
罗源县	342	11463	101	39		
闽清县	66	19803	13	143		
永泰县	481	5412	40	1766	176	
平潭县	21	1739				
厦　门　市	**16**	**2013**	**804**	**190**	**1**	
厦门市辖区	16	2013	804	190	1	
思明区						
海沧区	1	199	67	15		
湖里区						
集美区	2	509	93	84	1	
同安区	8	1183	625	80		
翔安区	4	121	19	12		
莆　田　市	**9**	**34018**	**3577**	**2920**	**14**	
莆田市辖区		23816	3097	1831	14	
城厢区		6132				
涵江区		5663	2782	1831	14	
荔城区		6347	315			
秀屿区		5674				
仙游县	9	10202	480	1089		
三　明　市	**5577**	**55623**	**13642**	**2398**	**114**	
三明市辖区	373	8914		993	2	
三元区	113	2343		65	2	
沙县区	260	6572		928		
永安市	373	6700	14	60		
明溪县	186	2909	195	53		
清流县	218	14399		36		
宁化县	69	5040		28		
大田县	4232	6783		60	32	
尤溪县	93	6638	15	1100	80	
将乐县	9	1370	193	67		
泰宁县	24	1223				
建宁县		1648	13225			
泉　州　市	**964**	**85620**	**5184**	**1260**	**2**	
泉州市辖区	33	11978	313	251		
鲤城区						
丰泽区			218			
洛江区	7	3527	73	66		
泉港区	26	8450	21	185		

5-5 续表 3

单位：吨

地　区				蜂蜜产量	蜂蜡产量	兔毛产量(公斤)
		#禽蛋产量	#奶类产量			
	#兔肉					
石狮市		111				
晋江市	35	4259	2197			
南安市	30	19168	2327	320		
惠安县	14	6308	5			
安溪县	164	15583	265	151		
永春县	356	22200	78	384		
德化县	332	6013		154	2	
漳　州　市	**854**	**86549**	**26248**	**3501**	**125**	**16**
漳州市辖区	207	44973	3153	239	21	16
芗城区	5	4536	1427			16
龙文区	12	45	2	5		
龙海区	181	18395	1362	102	4	
长泰区	9	21996	362	132	17	
云霄县	3	1675		70	6	
漳浦县	10	14278	223	103		
诏安县	78	6036	22298	148		
东山县	11	455				
南靖县	197	7851	136	156		
平和县	77	3280	242	63		
华安县	272	8002	196	2723	97	
南　平　市	**2218**	**125784**	**155814**	**2107**	**127**	**1027**
南平市辖区	409	53835	120909	902	68	48
延平区	356	19587	101385	451	68	48
建阳区	53	34247	19524	451		
邵武市	1602	3663	206	162		
武夷山市	31	7929		171	1	
建瓯市	38	8520	12478	94	4	
顺昌县	48	3127	11045	116	21	
浦城县	23	19780	11109	177	34	830
光泽县	1	23194	67	107		
松溪县	38	601		99		
政和县	28	5136		281		149
龙　岩　市	**8030**	**51537**	**741**	**2352**	**24**	
龙岩市辖区	1398	17330	200	1056		
新罗区	808	11784	53	231		
永定区	590	5546	147	825		
漳平市	375	6096		226		
长汀县	553	4511		174	1	
上杭县	3561	5870	361	434	14	
武平县	606	8717		316	8	
连城县	1537	9013	180	147	1	
宁　德　市	**511**	**27088**	**7015**	**770**	**23**	**12896**
宁德市辖区	14	1988		122	1	
蕉城区	14	1988		122	1	
福安市	88	6427	125	199	22	12817
福鼎市	11	1982		103		79
霞浦县	35	6128		119		
古田县	204	3791	365	39		
屏南县	36	2839		60		
寿宁县	12	1609	25	79		
周宁县	57	1535	6500	10		
柘荣县	54	791		38		

5-6 设区市全体居民人均可支配收入(2022年)

单位：元

地 区	可支配收入	工资性收入	经营净收入	财产净收入	转移净收入
全 省	**43118**	**25278**	**7875**	**4798**	**5167**
福 州	46418	28385	5259	5546	7228
厦 门	67999	48144	5829	8944	5083
莆 田	37027	19224	6505	4415	6883
三 明	34994	19138	8501	2292	5063
泉 州	46707	26781	12218	4239	3468
漳 州	36506	20322	9154	2296	4734
南 平	32594	17175	7922	2268	5228
龙 岩	35385	20842	8245	2855	3443
宁 德	33473	13695	13223	2657	3897

5-7 设区市全体居民人均可支配收入构成(2022年)

单位：%

地 区	可支配收入	工资性收入	经营净收入	财产净收入	转移净收入
全 省	**100.0**	**58.6**	**18.3**	**11.1**	**12.0**
福 州	100.0	61.2	11.3	11.9	15.6
厦 门	100.0	70.8	8.6	13.2	7.5
莆 田	100.0	51.9	17.6	11.9	18.6
三 明	100.0	54.7	24.3	6.5	14.5
泉 州	100.0	57.3	26.2	9.1	7.4
漳 州	100.0	55.7	25.1	6.3	13.0
南 平	100.0	52.7	24.3	7.0	16.0
龙 岩	100.0	58.9	23.3	8.1	9.7
宁 德	100.0	40.9	39.5	7.9	11.6

5-8 设区市全体居民人均生活消费支出(2022年)

单位：元

地 区	生活消费支出	食品烟酒	衣着	居住	生活用品及服务	交通通信	教育文化娱乐	医疗保健	其他用品及服务
全 省	**30042**	**9629**	**1470**	**8637**	**1587**	**3346**	**2807**	**1905**	**662**
福 州	32299	10156	1636	10285	1630	3231	3032	1543	786
厦 门	43970	13044	1996	14492	2269	4812	3805	2418	1134
莆 田	25683	9358	1166	7535	1559	2059	2212	1383	410
三 明	24275	8374	1201	5493	1386	2779	2725	1772	546
泉 州	29696	9808	1730	7507	1799	3690	2852	1410	900
漳 州	24558	8620	960	6108	1226	2939	2579	1609	518
南 平	21448	7947	1226	4869	1123	2373	2019	1429	463
龙 岩	23848	8633	1213	5404	1236	2787	2672	1394	508
宁 德	23549	8683	1551	5253	1293	1792	2360	2128	489

5-9 设区市全体居民人均生活消费支出构成(2022年)

单位：%

地 区	生活消费支出	食品烟酒	衣着	居住	生活用品及服务	交通通信	教育文化娱乐	医疗保健	其他用品及服务
全 省	**100.0**	**32.1**	**4.9**	**28.7**	**5.3**	**11.1**	**9.3**	**6.3**	**2.2**
福 州	100.0	31.4	5.1	31.8	5.0	10.0	9.4	4.8	2.4
厦 门	100.0	29.7	4.5	33.0	5.2	10.9	8.7	5.5	2.6
莆 田	100.0	36.4	4.5	29.3	6.1	8.0	8.6	5.4	1.6
三 明	100.0	34.5	4.9	22.6	5.7	11.4	11.2	7.3	2.2
泉 州	100.0	33.0	5.8	25.3	6.1	12.4	9.6	4.7	3.0
漳 州	100.0	35.1	3.9	24.9	5.0	12.0	10.5	6.6	2.1
南 平	100.0	37.1	5.7	22.7	5.2	11.1	9.4	6.7	2.2
龙 岩	100.0	36.2	5.1	22.7	5.2	11.7	11.2	5.8	2.1
宁 德	100.0	36.9	6.6	22.3	5.5	7.6	10.0	9.0	2.1

5-10 市(县、区)全体居民人均收支情况(2022年)

单位：元

地　　区	可支配收入	生活消费支出	地　　区	可支配收入	生活消费支出
全　　省	**43118**	**30042**	晋江市	51467	31869
福 州 市	**46418**	**32299**	南安市	45254	29353
福州市辖区			惠安县	43044	28881
鼓楼区	65763	44440	安溪县	29372	20625
台江区	60528	40458	永春县	31857	21386
仓山区	51526	34935	德化县	37260	24547
马尾区	53281	37753	**漳 州 市**	**36506**	**24558**
晋安区	55754	37023	漳州市辖区		
长乐区	41836	29657	芗城区	50982	34228
福清市	42434	30192	龙文区	50823	35974
闽侯县	38961	27073	龙海区	37675	25087
连江县	31846	23038	长泰区	36536	25780
罗源县	28237	20462	云霄县	30948	20821
闽清县	26157	19635	漳浦县	36117	23976
永泰县	25739	18669	诏安县	28166	20426
平潭县	32450	23469	东山县	38010	24982
厦 门 市	**67999**	**43970**	南靖县	32492	21231
厦门市辖区			平和县	29704	18434
思明区	84931	57922	华安县	31699	20565
海沧区	64261	43969	**南 平 市**	**32594**	**21448**
湖里区	69276	42760	南平市辖区		
集美区	61610	39185	延平区	36694	23866
同安区	52419	32063	建阳区	34094	22932
翔安区	42490	28380	邵武市	37904	24707
莆 田 市	**37027**	**25683**	武夷山市	34715	23789
莆田市辖区			建瓯市	31608	19923
城厢区	46991	28878	顺昌县	29363	18995
涵江区	41583	26289	浦城县	28287	18319
荔城区	46232	32792	光泽县	27350	18526
秀屿区	28976	22074	松溪县	26042	17274
仙游县	29440	20922	政和县	25918	17844
三 明 市	**34994**	**24275**	**龙 岩 市**	**35385**	**23848**
三明市辖区			龙岩市辖区		
三元区	47812	33203	新罗区	43740	28215
沙县区	38126	26444	永定区	34486	22241
永安市	38038	26614	漳平市	34090	23289
明溪县	28874	19737	长汀县	27497	20085
清流县	28870	19939	上杭县	33419	22682
宁化县	26307	18844	武平县	29762	20753
大田县	33426	23073	连城县	29165	20550
尤溪县	31143	21543	**宁 德 市**	**33473**	**23549**
将乐县	33236	22534	宁德市辖区		
泰宁县	30292	21066	蕉城区	36440	25990
建宁县	27772	18484	福安市	37515	26453
泉 州 市	**46707**	**29696**	福鼎市	35510	25938
泉州市辖区			霞浦县	31410	21956
鲤城区	55977	34371	古田县	30293	20421
丰泽区	67496	39073	屏南县	26416	17305
洛江区	38507	24445	寿宁县	26153	18077
泉港区	34179	21829	周宁县	28697	19608
石狮市	64961	39352	柘荣县	28469	19724

5-11 设区市农村居民人均可支配收入(2022年)

单位：元

地　区	可支配收入				
		工资性收入	经营净收入	财产净收入	转移净收入
全　省	**24987**	**11361**	**9128**	**519**	**3979**
福　州	26826	14175	6396	1417	4839
厦　门	32323	20175	7245	1585	3317
莆　田	24718	12501	5034	714	6468
三　明	23228	8453	11131	547	3096
泉　州	27572	15362	9236	435	2539
漳　州	25789	12784	10198	215	2592
南　平	21782	8511	10505	211	2555
龙　岩	24407	9447	11756	312	2892
宁　德	23102	7076	13462	254	2309

5-12 设区市农村居民人均可支配收入构成(2022年)

单位：%

地　区	可支配收入				
		工资性收入	经营净收入	财产净收入	转移净收入
全　省	**100.0**	**45.5**	**36.5**	**2.1**	**15.9**
福　州	100.0	52.8	23.8	5.3	18.0
厦　门	100.0	62.4	22.4	4.9	10.3
莆　田	100.0	50.6	20.4	2.9	26.2
三　明	100.0	36.4	47.9	2.4	13.3
泉　州	100.0	55.7	33.5	1.6	9.2
漳　州	100.0	49.6	39.5	0.8	10.0
南　平	100.0	39.1	48.2	1.0	11.7
龙　岩	100.0	38.7	48.2	1.3	11.9
宁　德	100.0	30.6	58.3	1.1	10.0

5-13 设区市农村居民人均生活消费支出(2022年)

单位：元

地区	生活消费支出	食品烟酒	衣着	居住	生活用品及服务	交通通信	教育文化娱乐	医疗保健	其他用品及服务
全省	**20467**	**7061**	**963**	**5176**	**1034**	**2323**	**1844**	**1634**	**433**
福州	21925	7969	1268	5194	1419	1914	2072	1539	551
厦门	26696	8796	990	7068	1130	4374	2359	1323	654
莆田	19983	8166	820	5552	1053	1239	1476	1316	362
三明	16842	5965	734	3431	885	2172	2175	1157	323
泉州	20554	7808	1025	5197	943	2351	1885	864	481
漳州	17714	6728	586	4283	859	1822	1841	1231	363
南平	15606	5796	793	3514	829	1998	1435	1001	240
龙岩	17444	6669	715	3888	826	2207	1672	1050	416
宁德	17430	6970	987	3685	712	1247	1568	1908	353

5-14 设区市农村居民人均生活消费支出构成(2022年)

单位：%

地区	生活消费支出	食品烟酒	衣着	居住	生活用品及服务	交通通信	教育文化娱乐	医疗保健	其他用品及服务
全省	**100.0**	**34.5**	**4.7**	**25.3**	**5.0**	**11.3**	**9.0**	**8.0**	**2.1**
福州	100.0	36.3	5.8	23.7	6.5	8.7	9.5	7.0	2.5
厦门	100.0	33.0	3.7	26.5	4.2	16.4	8.8	5.0	2.5
莆田	100.0	40.9	4.1	27.8	5.3	6.2	7.4	6.6	1.8
三明	100.0	35.4	4.4	20.4	5.3	12.9	12.9	6.9	1.9
泉州	100.0	38.0	5.0	25.3	4.6	11.4	9.2	4.2	2.3
漳州	100.0	38.0	3.3	24.2	4.9	10.3	10.4	7.0	2.0
南平	100.0	37.1	5.1	22.5	5.3	12.8	9.2	6.4	1.5
龙岩	100.0	38.2	4.1	22.3	4.7	12.7	9.6	6.0	2.4
宁德	100.0	40.0	5.7	21.1	4.1	7.2	9.0	10.9	2.0

5-15 市(县、区)农村居民人均收支情况(2022年)

单位：元

地　区	可支配收入	生活消费支出	地　区	可支配收入	生活消费支出
全　　省	**24987**	**20467**	晋江市	31916	23274
福 州 市	**26826**	**21925**	南安市	29464	21315
福州市辖区			惠安县	28302	20912
鼓楼区			安溪县	22341	17510
台江区			永春县	21784	16088
仓山区			德化县	21221	16771
马尾区	34620	28788	**漳 州 市**	**25789**	**17714**
晋安区	27084	18294	漳州市辖区		
长乐区	30551	24834	芗城区	25721	20571
福清市	32000	25348	龙文区	27732	23125
闽侯县	25987	21729	龙海区	27018	19467
连江县	24520	20327	长泰区	26993	20792
罗源县	20481	17127	云霄县	23684	15595
闽清县	20304	17214	漳浦县	28499	19328
永泰县	19816	16174	诏安县	23047	16392
平潭县	22277	18734	东山县	29862	20494
厦 门 市	**32323**	**26696**	南靖县	24950	17433
厦门市辖区			平和县	25134	14743
思明区			华安县	24755	15928
海沧区	40035	35948	**南 平 市**	**21782**	**15606**
湖里区			南平市辖区		
集美区	39145	35748	延平区	23794	16445
同安区	29675	23091	建阳区	22116	16417
翔安区	29305	23130	邵武市	25282	17712
莆 田 市	**24718**	**19983**	武夷山市	23758	17433
莆田市辖区			建瓯市	23048	16011
城厢区	27465	20408	顺昌县	20943	14587
涵江区	23640	19127	浦城县	19891	14370
荔城区	28043	21557	光泽县	18566	14156
秀屿区	25725	21959	松溪县	16842	12361
仙游县	22418	18105	政和县	17427	13232
三 明 市	**23228**	**16842**	**龙 岩 市**	**24407**	**17444**
三明市辖区			龙岩市辖区		
三元区	25542	17685	新罗区	28541	20012
沙县区	25983	20253	永定区	25222	17110
永安市	24281	18424	漳平市	24264	16344
明溪县	21536	15676	长汀县	22279	16625
清流县	22080	15545	上杭县	24177	18318
宁化县	21590	15945	武平县	23310	16299
大田县	23684	17391	连城县	22374	16415
尤溪县	24095	17139	**宁 德 市**	**23102**	**17430**
将乐县	23724	16968	宁德市辖区		
泰宁县	21934	16481	蕉城区	23139	17244
建宁县	21908	13478	福安市	23928	18543
泉 州 市	**27572**	**20554**	福鼎市	23198	18299
泉州市辖区			霞浦县	23786	18404
鲤城区			古田县	24357	17160
丰泽区			屏南县	20831	13882
洛江区	23826	17258	寿宁县	20315	14699
泉港区	26317	19278	周宁县	21543	16413
石狮市	34136	23440	柘荣县	20440	13542

5-16 设区市城镇居民人均可支配收入(2022年)

单位：元

地 区	可支配收入	工资性收入	经营净收入	财产净收入	转移净收入
全 省	**53817**	**33491**	**7136**	**7323**	**5868**
福 州	55638	35072	4724	7490	8352
厦 门	70467	50079	5731	9453	5205
莆 田	46595	24450	7648	7292	7205
三 明	44627	27886	6347	3720	6674
泉 州	57724	33357	13936	6429	4004
漳 州	46380	27266	8192	4214	6708
南 平	41101	23994	5889	3887	7332
龙 岩	45990	31850	4853	5311	3975
宁 德	42749	19615	13009	4807	5318

5-17 设区市城镇居民人均可支配收入构成(2022年)

单位：%

地 区	可支配收入	工资性收入	经营净收入	财产净收入	转移净收入
全 省	**100.0**	**62.2**	**13.3**	**13.6**	**10.9**
福 州	100.0	63.0	8.5	13.5	15.0
厦 门	100.0	71.1	8.1	13.4	7.4
莆 田	100.0	52.5	16.4	15.7	15.5
三 明	100.0	62.5	14.2	8.3	15.0
泉 州	100.0	57.8	24.1	11.1	6.9
漳 州	100.0	58.8	17.7	9.1	14.5
南 平	100.0	58.4	14.3	9.5	17.8
龙 岩	100.0	69.3	10.6	11.5	8.6
宁 德	100.0	45.9	30.4	11.2	12.4

5-18 设区市城镇居民人均生活消费支出(2022年)

单位：元

地区	生活消费支出	食品烟酒	衣着	居住	生活用品及服务	交通通信	教育文化娱乐	医疗保健	其他用品及服务
全省	**35692**	**11145**	**1769**	**10679**	**1913**	**3949**	**3376**	**2064**	**797**
福州	37181	11186	1810	12681	1729	3851	3483	1545	896
厦门	45165	13338	2066	15005	2347	4842	3905	2494	1167
莆田	30113	10285	1435	9077	1953	2697	2784	1436	447
三明	30361	10346	1584	7182	1795	3275	3175	2275	729
泉州	34960	10959	2136	8836	2292	4461	3408	1724	1142
漳州	30865	10363	1304	7789	1564	3968	3259	1957	661
南平	26045	9640	1566	5935	1355	2668	2478	1765	639
龙岩	30035	10531	1693	6869	1632	3346	3638	1727	597
宁德	29021	10214	2055	6655	1813	2280	3068	2325	611

5-19 设区市城镇居民人均生活消费支出构成(2022年)

单位：%

地区	生活消费支出	食品烟酒	衣着	居住	生活用品及服务	交通通信	教育文化娱乐	医疗保健	其他用品及服务
全省	**100.0**	**31.2**	**5.0**	**29.9**	**5.4**	**11.1**	**9.5**	**5.8**	**2.2**
福州	100.0	30.1	4.9	34.1	4.7	10.4	9.4	4.2	2.4
厦门	100.0	29.5	4.6	33.2	5.2	10.7	8.6	5.5	2.6
莆田	100.0	34.2	4.8	30.1	6.5	9.0	9.2	4.8	1.5
三明	100.0	34.1	5.2	23.7	5.9	10.8	10.5	7.5	2.4
泉州	100.0	31.3	6.1	25.3	6.6	12.8	9.7	4.9	3.3
漳州	100.0	33.6	4.2	25.2	5.1	12.9	10.6	6.3	2.1
南平	100.0	37.0	6.0	22.8	5.2	10.2	9.5	6.8	2.5
龙岩	100.0	35.1	5.6	22.9	5.4	11.1	12.1	5.7	2.0
宁德	100.0	35.2	7.1	22.9	6.2	7.9	10.6	8.0	2.1

5-20 市(县、区)城镇居民人均收支情况(2022年)

单位：元

地区	可支配收入	生活消费支出	地区	可支配收入	生活消费支出
全省	**53817**	**35692**	晋江市	62055	36445
福州市	**55638**	**37181**	南安市	57597	35671
福州市辖区			惠安县	54800	35339
鼓楼区	65763	44440	安溪县	40472	25982
台江区	60528	40458	永春县	39401	25381
仓山区	51526	34935	德化县	42651	27040
马尾区	61529	41728	**漳州市**	**46380**	**30865**
晋安区	56140	37423	漳州市辖区		
长乐区	57421	37047	芗城区	52056	34472
福清市	56680	38089	龙文区	53051	36868
闽侯县	53121	33664	龙海区	48094	30688
连江县	45046	29049	长泰区	48276	32254
罗源县	41401	26582	云霄县	40935	28113
闽清县	39993	26268	漳浦县	47661	31317
永泰县	38657	25113	诏安县	38582	28697
平潭县	48816	32109	东山县	46044	29515
厦门市	**70467**	**45165**	南靖县	42263	26257
厦门市辖区			平和县	39540	26590
思明区	84931	57922	华安县	42920	28344
海沧区	64607	44091	**南平市**	**41101**	**26045**
湖里区	69276	42760	南平市辖区		
集美区	63273	39202	延平区	42165	26726
同安区	59272	34931	建阳区	42569	27672
翔安区	50243	31768	邵武市	42415	27019
莆田市	**46595**	**30113**	武夷山市	42578	28237
莆田市辖区			建瓯市	41085	25201
城厢区	53723	32150	顺昌县	37798	23724
涵江区	44362	27730	浦城县	38177	23223
荔城区	51928	37364	光泽县	37777	24187
秀屿区	39127	23423	松溪县	36055	23262
仙游县	40098	25518	政和县	36144	23433
三明市	**44627**	**30361**	**龙岩市**	**45990**	**30035**
三明市辖区			龙岩市辖区		
三元区	49370	34232	新罗区	49695	31278
沙县区	45512	30197	永定区	48571	30206
永安市	45563	31073	漳平市	43852	30026
明溪县	37064	24886	长汀县	33502	24107
清流县	38829	26263	上杭县	50438	31283
宁化县	36662	25239	武平县	43263	30195
大田县	45162	30094	连城县	39574	27062
尤溪县	42848	29036	**宁德市**	**42749**	**29021**
将乐县	43390	28679	宁德市辖区		
泰宁县	40734	27182	蕉城区	44463	31141
建宁县	37435	26538	福安市	46035	31293
泉州市	**57724**	**34960**	福鼎市	45419	32037
泉州市辖区			霞浦县	42774	27568
鲤城区	55977	34371	古田县	40692	26373
丰泽区	67496	39073	屏南县	35530	22978
洛江区	50599	30489	寿宁县	33407	22353
泉港区	44031	25406	周宁县	36993	23475
石狮市	73205	43469	柘荣县	34359	24147

5-21 福州市住宅销售价格月环比指数(2022年)

(上月=100)

指　　标	1月	2月	3月	4月	5月	6月	7月	8月	9月	10月	11月	12月
新建商品住宅销售价格指数	**100.4**	**100.3**	**99.4**	**99.4**	**99.8**	**100.3**	**100.4**	**99.5**	**99.3**	**99.5**	**99.7**	**99.8**
90平方米及以下	100.3	100.4	99.2	99.7	100.0	100.2	100.2	99.7	99.0	99.2	99.8	99.4
90-144平方米	100.2	100.2	99.6	99.5	99.7	100.5	100.3	99.3	99.3	99.6	99.8	99.9
144平方米以上	100.9	100.4	99.3	99.0	99.8	100.0	100.7	99.7	99.8	99.4	99.1	99.8
二手住宅销售价格指数	**99.5**	**99.6**	**99.7**	**100.3**	**100.2**	**99.8**	**99.9**	**99.7**	**99.7**	**99.4**	**99.5**	**99.7**
90平方米及以下	99.4	99.8	99.9	100.5	100.1	99.9	99.8	99.7	99.9	99.2	99.4	99.9
90-144平方米	99.7	99.1	99.3	100.0	100.3	99.7	99.9	99.5	99.8	99.5	99.7	99.7
144平方米以上	99.2	100.4	99.9	100.2	100.0	99.9	99.9	99.8	99.2	99.8	98.9	99.3

5-22 厦门市住宅销售价格月环比指数(2022年)

(上月=100)

指　　标	1月	2月	3月	4月	5月	6月	7月	8月	9月	10月	11月	12月
新建商品住宅销售价格指数	**99.6**	**99.5**	**99.7**	**99.5**	**99.8**	**100.5**	**99.6**	**99.4**	**99.7**	**99.3**	**99.8**	**99.9**
90平方米及以下	99.9	99.4	99.9	99.1	100.0	100.7	99.4	99.6	99.9	98.6	99.8	99.9
90-144平方米	99.5	99.6	99.9	99.5	99.7	100.5	99.7	99.4	99.9	99.5	99.9	100.0
144平方米以上	99.8	99.5	99.3	99.7	99.8	100.3	99.5	99.4	99.2	99.5	99.6	99.7
二手住宅销售价格指数	**100.2**	**99.9**	**100.1**	**100.2**	**100.2**	**100.3**	**99.5**	**99.3**	**99.5**	**99.6**	**99.7**	**99.5**
90平方米及以下	99.9	100.1	100.3	100.7	100.1	100.3	99.7	99.1	99.9	99.9	99.7	99.2
90-144平方米	99.5	99.6	100.0	100.2	100.3	100.6	99.5	99.5	99.2	99.5	99.6	99.5
144平方米以上	99.8	100.0	100.2	99.8	100.0	100.0	99.4	99.3	99.4	99.2	99.8	99.8

5-23 泉州市住宅销售价格月环比指数(2022年)

(上月=100)

指　　标	1月	2月	3月	4月	5月	6月	7月	8月	9月	10月	11月	12月
新建商品住宅销售价格指数	**100.1**	**100.4**	**99.6**	**99.8**	**99.3**	**99.4**	**99.5**	**99.0**	**99.3**	**99.4**	**100.5**	**100.7**
90平方米及以下	100.2	100.9	99.6	99.9	99.3	99.4	99.6	99.0	99.5	99.4	100.1	100.4
90-144平方米	100.1	100.4	99.7	99.7	99.3	99.3	99.5	99.1	99.2	99.5	100.7	100.7
144平方米以上	100.2	100.0	99.4	99.8	99.4	99.8	99.4	99.0	99.7	99.0	100.0	100.9
二手住宅销售价格指数	**99.5**	**99.8**	**99.6**	**99.4**	**99.5**	**99.5**	**99.4**	**99.1**	**99.4**	**99.4**	**99.3**	**99.6**
90平方米及以下	99.8	100.1	99.8	99.4	99.6	99.6	99.6	98.6	99.7	99.3	99.1	99.4
90-144平方米	99.3	99.8	99.6	99.3	99.6	99.5	99.4	99.2	99.2	99.6	99.1	99.6
144平方米以上	99.6	99.5	99.4	99.6	99.4	99.6	99.2	99.4	99.5	99.1	99.8	99.6

5-24 福州市住宅销售价格月同比指数(2022年)

(上年同月=100)

指　　标	1月	2月	3月	4月	5月	6月	7月	8月	9月	10月	11月	12月
新建商品住宅销售价格指数	**103.2**	**103.1**	**101.6**	**100.4**	**99.7**	**99.6**	**99.7**	**99.0**	**98.2**	**97.9**	**98.0**	**97.7**
90平方米及以下	102.9	102.6	101.0	99.8	99.1	99.1	99.3	99.0	97.9	97.5	97.9	97.1
90-144平方米	103.1	103.0	101.5	100.5	99.9	100.0	99.9	98.9	98.2	98.0	98.1	97.9
144平方米以上	103.8	104.0	102.5	100.9	100.0	99.0	99.4	99.1	98.8	98.2	97.8	97.9
二手住宅销售价格指数	**101.8**	**100.8**	**99.8**	**99.3**	**98.9**	**98.1**	**97.8**	**97.7**	**97.6**	**97.4**	**97.0**	**96.9**
90平方米及以下	101.1	100.1	99.0	98.7	98.4	97.5	97.1	97.5	97.6	97.7	97.3	97.7
90-144平方米	102.9	101.8	100.4	99.7	99.2	98.2	97.9	97.6	97.3	96.8	96.6	96.3
144平方米以上	100.6	100.1	99.8	99.8	99.5	99.5	99.0	98.5	98.2	98.3	97.3	96.7

5-25 厦门市住宅销售价格月同比指数(2022年)

(上年同月=100)

指　　标	1月	2月	3月	4月	5月	6月	7月	8月	9月	10月	11月	12月
新建商品住宅销售价格指数	**103.3**	**102.3**	**101.7**	**101.0**	**99.7**	**99.4**	**98.6**	**97.6**	**97.0**	**96.1**	**96.4**	**96.1**
90平方米及以下	103.5	102.6	101.9	101.0	99.4	99.3	98.3	97.8	97.5	96.0	96.3	96.1
90-144平方米	102.6	101.7	101.1	100.6	99.6	99.2	98.8	97.7	97.4	96.9	97.2	96.8
144平方米以上	104.1	103.1	102.4	101.7	99.9	99.7	98.5	97.4	96.1	95.0	95.3	95.0
二手住宅销售价格指数	**101.0**	**100.4**	**100.1**	**100.0**	**100.4**	**100.4**	**99.6**	**99.0**	**98.7**	**98.6**	**98.5**	**98.4**
90平方米及以下	103.5	99.8	99.4	99.5	100.0	100.3	99.9	99.0	99.3	99.8	99.6	99.3
90-144平方米	102.6	100.8	100.4	100.1	100.3	100.5	99.4	99.2	98.4	98.4	98.4	98.0
144平方米以上	104.1	100.7	100.6	100.3	100.9	100.5	99.6	98.7	98.5	97.3	97.2	97.7

5-26 泉州市住宅销售价格月同比指数(2022年)

(上年同月=100)

指　　标	1月	2月	3月	4月	5月	6月	7月	8月	9月	10月	11月	12月
新建商品住宅销售价格指数	**103.0**	**102.6**	**101.4**	**100.5**	**99.2**	**98.1**	**97.0**	**95.8**	**95.0**	**94.6**	**95.5**	**96.9**
90平方米及以下	101.6	102.1	101.1	100.2	99.5	98.8	97.8	96.4	95.8	95.5	96.2	97.4
90-144平方米	103.2	102.7	101.5	100.5	99.2	97.9	96.7	95.6	94.8	94.4	95.4	96.8
144平方米以上	103.1	102.5	101.3	100.5	99.0	98.5	97.7	96.5	95.6	94.7	95.2	96.6
二手住宅销售价格指数	**102.2**	**101.2**	**100.1**	**98.5**	**97.3**	**96.3**	**95.4**	**94.3**	**93.9**	**93.7**	**93.7**	**93.8**
90平方米及以下	102.1	101.2	100.3	99.0	98.1	97.3	96.3	94.9	94.6	94.1	93.9	93.9
90-144平方米	102.2	101.0	99.8	98.3	97.2	95.7	94.9	94.0	93.6	93.5	93.6	93.6
144平方米以上	102.2	101.4	100.2	98.2	96.9	96.3	95.3	94.2	93.8	93.5	93.6	93.9

六 附　录

资料整理：吴培堃　郑骁喆　林　丹　黄景楠　何晓莉

附录1 主要年份全国及各省(区、市)粮食播种面积

单位：千公顷

地　区	2010年	2015年	2016年	2017年	2018年	2019年	2020年	2021年	2022年
全　国	**111695**	**118963**	**119230**	**117989**	**117038**	**116064**	**116768**	**117632**	**118332**
北　京	223	104	86	67	56	47	49	61	77
天　津	311	352	362	351	350	339	350	374	377
河　北	6441	6772	6791	6659	6539	6469	6389	6429	6444
山　西	3210	3256	3227	3181	3137	3126	3130	3138	3150
内蒙古	5846	6580	6803	6781	6790	6828	6833	6884	6952
辽　宁	3243	3605	3515	3467	3484	3489	3527	3544	3562
吉　林	4677	5534	5542	5544	5600	5645	5682	5721	5785
黑龙江	12445	14283	14202	14154	14215	14338	14438	14551	14683
上　海	201	181	158	133	130	117	114	117	123
江　苏	5372	5573	5583	5527	5476	5381	5406	5428	5444
浙　江	1115	990	951	977	976	977	993	1007	1020
安　徽	6948	7281	7359	7322	7316	7287	7290	7310	7314
福　建	**1073**	**874**	**833**	**833**	**834**	**822**	**834**	**835**	**838**
江　西	3686	3815	3807	3786	3721	3665	3772	3773	3776
山　东	7451	8407	8517	8456	8405	8313	8282	8355	8372
河　南	10027	11126	11220	10915	10906	10735	10739	10772	10778
湖　北	4136	4784	4816	4853	4847	4609	4645	4686	4689
湖　南	4848	5054	5011	4979	4748	4616	4755	4758	4766
广　东	2386	2193	2178	2170	2151	2161	2205	2213	2230
广　西	3004	2951	2897	2853	2802	2747	2806	2823	2829
海　南	400	310	292	282	286	273	271	271	273
重　庆	2097	2021	2039	2031	2018	1999	2003	2013	2047
四　川	6195	6286	6291	6292	6266	6279	6313	6358	6464
贵　州	3018	3111	3122	3053	2740	2709	2754	2788	2789
云　南	4135	4194	4201	4169	4175	4166	4167	4191	4211
西　藏	170	179	188	186	185	185	182	187	193
陕　西	3199	3019	3144	3019	3006	2999	3001	3004	3018
甘　肃	2722	2716	2684	2647	2645	2581	2638	2677	2700
青　海	274	280	285	283	281	280	290	302	304
宁　夏	815	728	718	723	736	677	679	689	692
新　疆	2024	2403	2405	2296	2220	2204	2230	2372	2434

附录2 主要年份全国及各省(区、市)粮食总产量

单位：万吨

地区	2010年	2015年	2016年	2017年	2018年	2019年	2020年	2021年	2022年
全国	**55911**	**66060**	**66044**	**66161**	**65789**	**66384**	**66949**	**68285**	**68653**
北京	116	63	53	41	34	29	31	38	45
天津	161	184	200	212	210	223	228	250	256
河北	3121	3602	3783	3829	3701	3739	3796	3825	3865
山西	1108	1314	1380	1355	1380	1362	1424	1421	1464
内蒙古	2344	3293	3263	3255	3553	3653	3664	3840	3901
辽宁	1804	2187	2316	2331	2192	2430	2339	2539	2485
吉林	2791	3974	4151	4154	3633	3878	3803	4039	4081
黑龙江	5633	7616	7416	7410	7507	7503	7541	7868	7763
上海	132	125	112	100	104	96	91	94	96
江苏	3285	3595	3542	3611	3660	3706	3729	3746	3769
浙江	686	584	565	580	599	592	606	621	621
安徽	3208	4077	3962	4020	4007	4054	4019	4088	4100
福建	**585**	**500**	**477**	**487**	**499**	**494**	**502**	**506**	**509**
江西	1989	2236	2234	2222	2191	2157	2164	2192	2152
山东	4503	5153	5332	5374	5320	5357	5447	5501	5544
河南	5582	6470	6498	6524	6649	6695	6826	6544	6789
湖北	2304	2915	2796	2846	2839	2725	2727	2764	2741
湖南	2882	3094	3052	3074	3023	2975	3015	3074	3018
广东	1249	1212	1204	1209	1193	1241	1268	1280	1292
广西	1372	1433	1419	1370	1373	1332	1370	1387	1393
海南	167	154	146	138	147	145	145	146	147
重庆	1081	1051	1078	1080	1079	1075	1081	1093	1073
四川	3183	3395	3470	3489	3494	3499	3527	3582	3511
贵州	1079	1211	1264	1242	1060	1051	1058	1095	1115
云南	1502	1791	1815	1843	1861	1870	1896	1930	1958
西藏	91	101	104	107	104	104	103	107	107
陕西	1186	1205	1264	1194	1226	1231	1275	1270	1298
甘肃	949	1155	1117	1106	1151	1163	1202	1232	1265
青海	102	104	105	103	103	106	107	109	107
宁夏	356	373	371	370	393	373	380	368	376
新疆	1362	1895	1552	1485	1504	1527	1583	1736	1814

附录3　全国及各省(区、市)居民人均可支配收入(2013–2022年)

单位：元

地　区	2013年	2014年	2015年	2016年	2017年	2018年	2019年	2020年	2021年	2022年
全　国	**18311**	**20167**	**21966**	**23821**	**25974**	**28228**	**30733**	**32189**	**35128**	**36883**
北　京	40830	44489	48458	52530	57230	62361	67756	69434	75002	77415
天　津	26359	28832	31291	34074	37022	39506	42404	43854	47449	48976
河　北	15190	16647	18118	19725	21484	23446	25665	27136	29383	30867
山　西	15120	16538	17854	19049	20420	21990	23828	25214	27426	29178
内蒙古	18693	20559	22310	24127	26212	28376	30555	31497	34108	35921
辽　宁	20818	22820	24576	26040	27835	29701	31820	32738	35112	36089
吉　林	15998	17520	18684	19967	21368	22798	24563	25751	27770	27975
黑龙江	15903	17404	18593	19838	21206	22726	24254	24902	27159	28346
上　海	42174	45966	49867	54305	58988	64183	69442	72232	78027	79610
江　苏	24776	27173	29539	32070	35024	38096	41400	43390	47498	49862
浙　江	29775	32658	35537	38529	42046	45840	49899	52397	57541	60302
安　徽	15154	16796	18363	19998	21863	23984	26415	28103	30904	32745
福　建	**21218**	**23331**	**25404**	**27608**	**30048**	**32644**	**35616**	**37202**	**40659**	**43118**
江　西	15100	16734	18437	20110	22031	24080	26262	28017	30610	32419
山　东	19008	20864	22703	24685	26930	29205	31597	32886	35705	37560
河　南	14204	15695	17125	18443	20170	21964	23903	24810	26811	28222
湖　北	16472	18283	20026	21787	23757	25815	28319	27881	30829	32914
湖　南	16005	17622	19317	21115	23103	25241	27680	29380	31993	34036
广　东	23421	25685	27859	30296	33003	35810	39014	41029	44993	47065
广　西	14082	15557	16873	18305	19905	21485	23328	24562	26727	27981
海　南	15733	17476	18979	20653	22553	24579	26679	27904	30457	30957
重　庆	16569	18352	20110	22034	24153	26386	28920	30824	33803	35666
四　川	14231	15749	17221	18808	20580	22461	24703	26522	29080	30679
贵　州	11083	12371	13697	15121	16704	18430	20397	21795	23996	25508
云　南	12578	13772	15223	16720	18348	20084	22082	23295	25666	26937
西　藏	9740	10730	12254	13639	15457	17286	19501	21744	24950	26675
陕　西	14372	15837	17395	18874	20635	22528	24666	26226	28568	30116
甘　肃	10954	12185	13467	14670	16011	17488	19139	20335	22066	23273
青　海	12948	14374	15813	17302	19001	20757	22618	24037	25919	27000
宁　夏	14566	15907	17329	18832	20562	22400	24412	25735	27904	29599
新　疆	13670	15097	16859	18355	19975	21500	23103	23845	26075	27063

附录4 全国及各省(区、市)城镇居民人均可支配收入(2013-2022年)

单位：元

地 区	2013年	2014年	2015年	2016年	2017年	2018年	2019年	2020年	2021年	2022年
全 国	**26467**	**28844**	**31195**	**33616**	**36396**	**39251**	**42359**	**43834**	**47412**	**49283**
北 京	44564	48532	52859	57275	62406	67990	73849	75602	81518	84023
天 津	28980	31506	34101	37110	40278	42976	46119	47659	51486	53003
河 北	22227	24141	26152	28249	30548	32977	35738	37286	39791	41278
山 西	22258	24069	25828	27352	29132	31035	33262	34793	37433	39532
内蒙古	26004	28350	30594	32975	35670	38305	40782	41353	44377	46295
辽 宁	26697	29082	31126	32876	34993	37342	39777	40376	43051	44003
吉 林	21331	23218	24901	26530	28319	30172	32299	33396	35646	35471
黑龙江	20848	22609	24203	25736	27446	29191	30945	31115	33646	35042
上 海	44878	48841	52962	57692	62596	68034	73615	76437	82429	84034
江 苏	31585	34346	37173	40152	43622	47200	51056	53102	57743	60178
浙 江	37080	40393	43714	47237	51261	55574	60182	62699	68487	71268
安 徽	22789	24839	26936	29156	31640	34393	37540	39442	43009	45133
福 建	**28174**	**30722**	**33275**	**36014**	**39001**	**42121**	**45620**	**47160**	**51140**	**53817**
江 西	22120	24309	26500	28673	31198	33819	36546	38556	41684	43697
山 东	26882	29222	31545	34012	36789	39549	42329	43726	47066	49050
河 南	21741	23672	25576	27233	29558	31874	34201	34750	37095	38484
湖 北	22668	24852	27051	29386	31889	34455	37601	36706	40278	42626
湖 南	24352	26570	28838	31284	33948	36698	39842	41698	44866	47301
广 东	29537	32148	34757	37684	40975	44341	48118	50257	54854	56905
广 西	22689	24669	26416	28324	30502	32436	34745	35859	38530	39703
海 南	22411	24487	26356	28453	30817	33349	36017	37097	40213	40118
重 庆	23058	25147	27239	29610	32193	34889	37939	40006	43502	45509
四 川	22228	24234	26205	28335	30727	33216	36154	38253	41444	43233
贵 州	20565	22548	24580	26743	29080	31592	34404	36096	39211	41086
云 南	22460	24299	26373	28611	30996	33488	36238	37500	40905	42168
西 藏	20394	22016	25457	27802	30671	33797	37410	41156	46503	48753
陕 西	22346	24366	26420	28440	30810	33319	36098	37868	40713	42431
甘 肃	19873	21804	23767	25693	27763	29957	32323	33822	36187	37572
青 海	20352	22307	24542	26757	29169	31515	33830	35506	37745	38736
宁 夏	21476	23285	25186	27153	29472	31895	34328	35720	38291	40194
新 疆	21091	23214	26275	28463	30775	32764	34664	34838	37642	38410

附录5 全国及各省(区、市)农村居民人均可支配收入(2013–2022年)

单位：元

地　区	2013年	2014年	2015年	2016年	2017年	2018年	2019年	2020年	2021年	2022年
全　国	**9430**	**10489**	**11422**	**12363**	**13432**	**14617**	**16021**	**17131**	**18931**	**20133**
北　京	17101	18867	20569	22310	.	.	28928	30126	33303	34754
天　津	15353	17014	18482	20076	21754	23065	24804	25691	27955	29018
河　北	9188	10186	11051	11919	12881	14031	15373	16467	18179	19364
山　西	7949	8809	9454	10082	10788	11750	12902	13878	15308	16323
内蒙古	8985	9976	10776	11609	12584	13803	15283	16567	18337	19641
辽　宁	10161	11191	12057	12881	13747	14656	16108	17450	19217	19908
吉　林	9781	10780	11326	12123	12950	13748	14936	16067	17642	18134
黑龙江	9369	10453	11095	11832	12665	13804	14982	16168	17888	18577
上　海	19208	21192	23205	25520	27825	30375	33195	34911	38521	39729
江　苏	13521	14958	16257	17606	19158	20845	22675	24198	26791	28486
浙　江	17494	19373	21125	22866	24956	27302	29876	31930	35247	37565
安　徽	8850	9916	10821	11720	12758	13996	15416	16620	18368	19575
福　建	**11405**	**12650**	**13793**	**14999**	**16335**	**17821**	**19568**	**20880**	**23229**	**24987**
江　西	9089	10117	11139	12138	13242	14460	15796	16981	18684	19936
山　东	10687	11882	12930	13954	15118	16297	17775	18753	20794	22110
河　南	8969	9966	10853	11697	12719	13831	15164	16108	17533	18697
湖　北	9692	10849	11844	12725	13812	14978	16391	16306	18259	19709
湖　南	9029	10060	10993	11930	12936	14093	15395	16585	18295	19546
广　东	11068	12246	13360	14512	15780	17168	18818	20143	22306	23598
广　西	7793	8683	9467	10359	11325	12435	13676	14815	16363	17433
海　南	8802	9913	10858	11843	12902	13989	15113	16279	18076	19117
重　庆	8493	9490	10505	11549	12638	13781	15133	16361	18100	19313
四　川	8381	9348	10247	11203	12227	13331	14670	15929	17575	18672
贵　州	5898	6671	7387	8090	8869	9716	10756	11642	12856	13707
云　南	6724	7456	8242	9020	9862	10768	11902	12842	14197	15147
西　藏	6553	7359	8244	9094	10330	11450	12951	14598	16935	18209
陕　西	7092	7932	8689	9396	10265	11213	12326	13316	14745	15704
甘　肃	5589	6277	6936	7457	8076	8804	9629	10344	11433	12165
青　海	6462	7283	7933	8664	9462	10393	11499	12342	13604	14456
宁　夏	7599	8410	9119	9852	10738	11708	12858	13889	15337	16430
新　疆	7847	8724	9425	10183	11045	11975	13122	14056	15575	16550

附录6　主要年份全国及各省(区、市)居民消费价格指数

(上年=100)

地　区	2005年	2010年	2015年	2016年	2017年	2018年	2019年	2020年	2021年	2022年
全　国	**101.8**	**103.3**	**101.4**	**102.0**	**101.6**	**102.1**	**102.9**	**102.5**	**100.9**	**102.0**
北　京	101.5	102.4	101.8	101.4	101.9	102.5	102.3	101.7	101.1	101.8
天　津	101.5	103.5	101.7	102.1	102.1	102.0	102.7	102.0	101.3	101.9
河　北	101.8	103.1	100.9	101.5	101.7	102.4	103.0	102.1	101.0	101.8
山　西	102.3	103.0	100.6	101.1	101.1	101.8	102.7	102.9	101.0	102.1
内蒙古	102.4	103.2	101.1	101.2	101.7	101.8	102.4	101.9	100.9	101.8
辽　宁	101.4	103.0	101.4	101.6	101.4	102.5	102.4	102.4	101.1	102.0
吉　林	101.5	103.7	101.7	101.6	101.6	102.1	103.0	102.3	100.6	102.1
黑龙江	101.2	103.9	101.1	101.5	101.3	102.0	102.8	102.3	100.6	101.9
上　海	101.0	103.1	102.4	103.2	101.7	101.6	102.5	101.7	101.2	102.5
江　苏	102.1	103.8	101.7	102.3	101.7	102.3	103.1	102.5	101.6	102.2
浙　江	101.3	103.8	101.4	101.9	102.1	102.3	102.9	102.3	101.5	102.2
安　徽	101.4	103.1	101.3	101.8	101.2	102.0	102.7	102.7	100.9	102.0
福　建	**102.2**	**103.2**	**101.7**	**101.7**	**101.2**	**101.5**	**102.6**	**102.2**	**100.7**	**101.9**
江　西	101.7	103.0	101.5	102.0	102.0	102.1	102.9	102.6	100.9	102.0
山　东	101.7	102.9	101.2	102.1	101.5	102.5	103.2	102.8	101.2	101.7
河　南	102.1	103.5	101.3	101.9	101.4	102.3	103.0	102.8	100.9	101.5
湖　北	102.9	102.9	101.5	102.2	101.5	101.9	103.1	102.7	100.3	102.1
湖　南	102.3	103.1	101.4	101.9	101.4	102.0	102.9	102.3	100.5	101.8
广　东	102.3	103.1	101.5	102.3	101.5	102.2	103.4	102.6	100.8	102.2
广　西	102.4	103.0	101.5	101.6	101.6	102.3	103.7	102.8	100.9	101.9
海　南	101.5	104.8	101.0	102.8	102.8	102.5	103.4	102.3	100.3	101.6
重　庆	100.8	103.2	101.3	101.8	101.0	102.0	102.7	102.3	100.3	102.1
四　川	101.7	103.2	101.5	101.9	101.4	101.7	103.2	103.2	100.3	102.0
贵　州	101.0	102.9	101.8	101.4	100.9	101.8	102.4	102.6	100.1	101.6
云　南	101.4	103.7	101.9	101.5	100.9	101.6	102.5	103.6	100.2	101.6
西　藏	101.5	102.2	102.0	102.5	101.6	101.7	102.3	102.2	100.9	101.5
陕　西	101.2	104.0	101.0	101.3	101.6	102.1	102.9	102.5	101.5	102.1
甘　肃	101.7	104.1	101.6	101.3	101.4	102.0	102.3	102.0	100.9	101.9
青　海	100.8	105.4	102.6	101.8	101.5	102.5	102.5	102.6	101.3	102.4
宁　夏	101.5	104.1	101.1	101.5	101.6	102.3	102.1	101.5	101.4	102.3
新　疆	100.7	104.3	100.6	101.4	102.2	102.0	101.9	101.5	101.2	101.8

附录7　主要年份全国及各省(区、市)商品零售价格指数

（上年=100）

地　区	2005年	2010年	2015年	2016年	2017年	2018年	2019年	2020年	2021年	2022年
全　国	**100.8**	**103.1**	**100.1**	**100.7**	**101.1**	**101.9**	**102.0**	**101.4**	**101.6**	**102.7**
北　京	99.7	100.4	98.5	98.1	99.2	101.1	100.5	101.0	101.7	101.8
天　津	99.9	103.4	100.3	100.5	100.8	101.6	101.7	101.0	101.5	102.0
河　北	101.1	103.1	100.2	101.2	101.4	102.2	101.8	101.4	101.9	102.5
山　西	100.3	102.3	99.3	100.5	101.3	101.7	101.8	100.9	102.7	103.7
内蒙古	101.5	103.0	100.5	100.6	101.2	101.6	101.5	100.5	103.8	103.8
辽　宁	100.1	103.2	100.5	101.0	100.7	101.4	101.7	101.1	101.9	102.6
吉　林	101.1	104.1	99.8	101.3	101.4	102.4	102.1	100.7	101.8	103.1
黑龙江	100.4	103.1	100.1	101.1	99.9	101.1	102.1	101.5	101.6	102.5
上　海	99.4	101.7	101.1	100.8	100.9	101.6	100.4	100.9	101.3	101.7
江　苏	100.3	103.2	100.6	100.8	101.9	102.6	102.6	101.8	102.3	102.9
浙　江	100.9	103.9	99.9	101.0	101.4	102.1	102.5	101.2	102.2	103.2
安　徽	100.6	103.2	99.7	100.8	101.7	101.9	101.9	101.6	101.6	102.7
福　建	**100.6**	**103.4**	**99.9**	**100.7**	**100.6**	**101.5**	**101.9**	**101.3**	**101.1**	**102.7**
江　西	100.9	102.7	100.5	100.6	101.0	101.0	101.9	101.6	101.2	102.6
山　东	100.6	102.7	100.2	101.3	100.8	102.2	102.2	102.0	101.4	102.3
河　南	101.7	103.7	99.8	100.3	101.3	102.9	102.4	100.9	101.5	102.7
湖　北	102.1	103.1	100.5	100.8	100.3	101.2	102.6	102.2	101.2	102.8
湖　南	102.3	103.1	99.9	101.0	101.3	102.3	102.3	101.3	101.6	103.2
广　东	101.8	103.3	99.6	100.8	101.6	102.1	101.4	100.8	101.4	102.5
广　西	101.1	103.0	100.1	100.4	101.2	101.6	103.2	101.4	101.1	102.2
海　南	100.9	104.6	99.8	101.0	102.0	102.5	102.5	101.6	101.3	102.1
重　庆	98.7	101.7	100.2	101.3	100.8	101.2	101.6	102.2	101.4	102.5
四　川	100.6	103.0	100.2	100.8	100.5	101.4	102.7	102.7	101.4	102.9
贵　州	101.3	103.0	100.1	100.2	100.9	101.8	101.7	101.6	101.2	103.0
云　南	100.1	103.6	100.8	100.7	101.3	101.5	101.5	102.4	101.4	103.1
西　藏	100.8	101.0	101.4	102.1	101.4	101.5	102.0	102.0	101.5	102.7
陕　西	100.1	103.6	99.8	100.3	101.3	102.1	102.4	101.9	101.6	103.1
甘　肃	99.9	104.6	101.0	100.9	101.4	101.7	101.9	101.3	102.0	103.7
青　海	100.7	104.3	101.0	100.4	101.2	102.1	102.0	102.4	101.5	103.2
宁　夏	100.4	103.2	100.1	100.7	101.8	102.9	101.1	100.6	102.0	102.4
新　疆	99.4	104.6	99.6	100.5	100.9	100.9	101.3	100.6	102.0	102.8

附录8 主要年份全国及各省(区、市)工业生产者出厂价格指数

(上年=100)

地区	2010年	2015年	2016年	2017年	2018年	2019年	2020年	2021年	2022年
全国	**105.5**	**94.8**	**98.6**	**106.3**	**103.5**	**99.7**	**98.2**	**108.1**	**104.1**
北京	102.2	96.9	98.1	100.7	100.0	99.6	99.1	101.1	102.3
天津	105.1	90.3	97.9	108.4	105.4	99.3	97.1	110.9	105.8
河北	109.0	89.1	99.9	115.0	106.2	100.2	98.5	116.4	100.5
山西	109.5	87.7	96.8	119.4	106.7	99.7	96.7	130.2	111.4
内蒙古	106.7	94.0	98.9	110.6	103.2	102.1	99.7	128.5	108.6
辽宁	107.4	93.9	98.8	108.1	104.8	99.5	97.0	113.6	107.9
吉林	105.2	95.3	98.4	103.1	102.8	98.9	98.6	105.1	101.9
黑龙江	115.0	86.0	95.1	109.3	109.0	98.2	93.4	112.3	110.9
上海	102.3	96.1	98.8	103.5	101.7	98.8	98.3	102.1	102.6
江苏	107.3	95.3	98.1	104.8	102.8	98.9	97.8	106.3	103.2
浙江	106.2	96.4	98.3	104.8	103.4	98.9	96.9	106.3	104.0
安徽	109.0	93.9	98.5	108.0	103.0	100.3	99.1	107.7	103.2
福建	**103.2**	**97.0**	**99.1**	**104.1**	**102.8**	**100.6**	**98.4**	**104.9**	**102.9**
江西	115.3	93.7	98.6	107.9	104.2	98.9	98.3	110.5	103.5
山东	107.2	95.2	98.5	105.5	103.7	99.7	98.1	110.3	105.1
河南	107.8	95.4	99.0	106.8	103.6	100.2	99.2	107.8	105.0
湖北	104.9	96.7	99.0	105.6	104.2	100.2	99.1	104.1	103.4
湖南	106.9	96.3	98.9	105.8	103.2	99.6	99.0	105.9	102.0
广东	103.2	96.8	99.4	103.3	101.8	100.2	99.0	103.4	103.0
广西	112.0	97.0	99.1	107.6	103.2	99.3	99.4	108.9	102.5
海南	107.7	89.8	96.0	108.8	108.2	97.4	93.8	113.5	115.0
重庆	103.1	97.2	98.6	104.1	102.1	99.8	99.1	103.2	102.3
四川	105.0	96.4	98.9	106.5	103.6	100.4	98.8	105.9	102.8
贵州	104.7	96.1	97.9	107.2	101.8	99.8	98.3	106.5	105.7
云南	108.8	94.9	97.6	105.2	102.4	100.0	98.6	110.0	105.4
西藏	105.8	93.2	102.9	110.0	100.1	98.9	99.4	101.5	104.1
陕西	108.7	90.8	97.6	110.8	105.4	100.8	95.1	116.9	107.3
甘肃	115.0	87.0	94.9	114.5	109.5	98.3	93.9	116.4	110.9
青海	109.4	93.1	98.5	116.7	104.8	98.5	96.6	114.5	112.2
宁夏	109.1	93.7	99.1	112.1	107.3	99.4	96.9	119.9	111.1
新疆	125.3	82.4	94.5	113.7	111.2	98.5	91.6	119.4	112.3

附录9 全国及各省(区、市)工业生产者购进价格指数

(上年=100)

地区	2010年	2015年	2016年	2017年	2018年	2019年	2020年	2021年	2022年
全　国	**109.6**	**93.9**	**98.0**	**108.1**	**104.1**	**99.3**	**97.7**	**111.0**	**106.1**
北　京	110.5	93.7	98.5	104.4	100.8	99.6	99.5	103.7	106.2
天　津	110.0	92.4	98.3	111.1	106.2	98.8	96.9	114.7	104.4
河　北	110.9	90.3	98.3	114.5	104.0	102.1	98.4	119.8	104.7
山　西	109.0	93.1	98.1	115.2	105.5	101.1	97.2	116.3	109.7
内蒙古	105.0	95.9	97.4	106.3	102.4	101.1	99.5	128.0	111.2
辽　宁	108.6	93.5	97.9	108.0	104.5	100.8	98.2	115.0	110.1
吉　林	108.6	96.6	97.8	103.4	103.5	99.2	98.7	106.2	104.6
黑龙江	114.5	88.2	96.0	110.2	109.0	100.3	95.1	110.5	110.0
上　海	111.2	90.6	97.7	108.9	105.2	98.7	96.9	107.3	104.9
江　苏	112.8	92.1	98.0	109.7	104.6	97.2	96.5	113.8	105.8
浙　江	112.0	94.5	97.8	109.6	105.1	97.1	95.9	114.5	106.1
安　徽	111.8	93.5	98.4	109.2	105.3	99.9	98.5	111.5	104.0
福　建	**107.7**	**96.1**	**98.0**	**105.3**	**102.8**	**99.0**	**98.6**	**109.2**	**105.2**
江　西	111.8	93.6	97.7	107.2	103.2	98.2	97.0	112.3	109.4
山　东	109.3	95.0	98.0	107.3	103.6	99.2	97.5	109.5	105.8
河　南	110.2	95.4	99.2	107.3	104.0	101.2	99.4	109.5	105.7
湖　北	110.4	92.8	98.3	108.3	104.8	99.3	98.4	108.5	107.8
湖　南	110.0	94.5	98.0	107.2	103.5	100.2	98.9	108.1	104.8
广　东	107.3	95.3	98.0	105.3	102.5	99.2	97.4	108.0	104.1
广　西	111.2	95.7	98.3	106.5	103.4	99.5	98.5	110.7	107.3
海　南	110.3	88.5	94.8	112.4	110.8	103.1	92.0	116.5	119.8
重　庆	106.9	97.1	98.4	104.4	102.5	100.1	99.9	107.2	104.4
四　川	106.1	96.7	98.8	108.3	105.3	100.6	98.1	107.5	105.8
贵　州	109.8	97.5	98.5	109.7	103.4	99.4	98.6	112.0	111.2
云　南	109.0	96.9	95.9	106.2	104.4	99.0	97.3	108.9	107.9
西　藏									
陕　西	109.7	95.2	95.9	106.4	104.2	100.3	97.6	116.3	106.2
甘　肃	114.4	87.0	94.6	115.5	109.8	99.0	94.1	118.1	113.5
青　海	108.6	97.7	96.2	108.0	104.5	98.2	96.1	111.5	114.0
宁　夏	114.1	92.1	96.9	112.9	106.5	97.5	94.7	120.8	117.6
新　疆	123.9	84.3	95.5	112.8	109.2	100.0	93.4	115.0	114.6

附录10 主要年份全国及各省(区、市)农产品生产者价格指数

地区	2010年	2015年	2016年	2017年	2018年	2019年	2020年	2021年	2022年
全国	**110.9**	**101.7**	**103.4**	**96.5**	**99.1**	**114.5**	**115.0**	**97.8**	**100.4**
北京	106.5	99.8	99.7	96.2	103.6	109.9	110.9	98.2	102.7
天津	110.2	100.7	103.0	95.5	104.2	108.8	114.9	109.8	98.4
河北	115.1	97.5	96.8	96.2	104.7	107.1	111.5	108.1	103.5
山西	110.2	95.8	95.2	95.9	104.7	115.2	109.4	104.8	104.0
内蒙古	111.4	98.0	95.1	95.6	102.0	105.6	111.0	107.6	100.8
辽宁	110.6	99.5	100.7	93.6	103.7	107.6	108.1	105.1	103.6
吉林	111.8	100.6	93.1	89.5	106.1	108.7	117.1	109.3	100.7
黑龙江	109.2	98.7	93.6	95.1	100.8	106.2	118.5	111.1	102.5
上海	107.1	102.4	106.6	98.4	100.5	105.6	106.7	104.4	102.6
江苏	108.8	102.3	104.0	97.9	100.9	109.3	107.5	100.3	100.1
浙江	114.8	102.0	104.5	99.1	100.8	109.9	107.3	99.3	101.5
安徽	110.8	99.8	101.0	98.4	99.0	109.3	115.6	101.3	102.8
福建	**111.5**	**101.2**	**108.3**	**98.9**	**102.6**	**106.9**	**102.3**	**104.5**	**100.8**
江西	107.5	103.7	104.1	97.3	97.4	113.2	111.0	96.1	97.5
山东	118.8	100.1	102.8	98.6	100.5	112.2	108.7	104.2	100.6
河南	112.5	100.7	103.2	94.9	97.9	119.9	116.8	98.0	97.2
湖北	112.3	99.5	106.2	99.3	96.6	110.1	118.1	101.0	100.6
湖南	109.9	104.1	104.7	98.0	95.4	118.0	123.3	90.1	103.6
广东	107.6	102.3	106.5	99.4	101.3	107.3	104.7	98.8	100.1
广西	107.6	102.0	106.1	98.2	97.3	115.5	115.5	94.9	100.8
海南	107.9	99.1	106.7	101.9	97.3	109.2	112.8	106.3	106.8
重庆	103.2	102.4	109.8	96.8	99.7	112.1	113.6	98.4	98.7
四川	105.9	103.3	105.6	97.8	100.2	115.6	116.1	94.3	99.1
贵州	106.7	104.6	108.7	96.7	92.6	116.2	122.6	86.4	95.9
云南	112.5	101.3	103.9	98.7	96.9	109.6	120.2	96.8	96.7
西藏									
陕西	121.7	96.3	98.0	98.4	100.9	107.7	112.3	99.3	104.4
甘肃	113.8	99.8	99.2	99.1	101.7	109.9	106.6	101.9	100.2
青海	124.3	96.1	104.5	101.0	100.3	109.6	122.6	104.1	98.4
宁夏	117.0	98.4	98.7	99.3	105.0	106.4	113.1	106.5	98.3
新疆	131.5	90.4	107.6	100.7	106.3	99.6	111.0	114.2	99.6